国家无障碍战略研究与应用丛书（第二辑）

无障碍与服务设计

孙聪　饶雅云　著

辽宁人民出版社

© 孙聪 饶雅云 2021

图书在版编目（CIP）数据

无障碍与服务设计 / 孙聪，饶雅云著. —沈阳：辽宁人民出版社，2021.12

（国家无障碍战略研究与应用丛书. 第二辑）

ISBN 978-7-205-10401-6

Ⅰ.①无… Ⅱ.①孙… ②饶… Ⅲ.①残疾人—社会服务—中国 Ⅳ.①D699.69

中国版本图书馆 CIP 数据核字（2021）第 266906 号

出版发行：辽宁人民出版社
地　　址：沈阳市和平区十一纬路 25 号　邮编：110003
电　　话：024-23284321（邮　购）　024-23284324（发行部）
传　　真：024-23284191（发行部）　024-23284304（办公室）
http://www.lnpph.com.cn

印　　刷：辽宁新华印务有限公司
幅面尺寸：170mm×240mm
印　　张：13.75
字　　数：180 千字
出版时间：2021 年 12 月第 1 版
印刷时间：2021 年 12 月第 1 次印刷
责任编辑：石　玥　郭　健　赵学良
装帧设计：留白文化
责任校对：郑　佳　吴艳杰
书　　号：ISBN 978-7-205-10401-6
定　　价：70.00 元

总　序

张苏军

欣闻《国家无障碍战略研究与应用丛书》(第二辑)付梓,这份欣喜,既表达了对我国无障碍事业的蓬勃发展态势的喜悦,也有为那些投身于无障碍事业的各界人士的赞许,更饱含对创造更加宜居、宜业、宜游、舒适美好生活环境的期待。此套丛书的出版,对助力我国无障碍法治环境建设,以法治的精神、法治的力量和法治的感召,深入推进我国无障碍环境建设高质量发展,向世界展示中国方案、中国作为和中国成果,意义重大。

此套丛书汇集了我国无障碍理论研究的最新成果,聚合了北京大学、清华大学等国内高校和科研机构专家团队的力量,以多元视角、在诸多层面,系统性地对无障碍的社会价值、经济价值、科技创新等领域进行研究,同时对我国无障碍社会实践进行了深化梳理和总结,对城市更新、适老化改造、全龄友好型社区和残疾人家庭无障碍改造等进行了细化研究,为不断满足人民群众日益增长的对美好生活的需要,促进人的全面发展、逐步实现共同富裕的目标等提供了理论支持,发挥了无障碍理论研究与实践融合的独特作用及价值。

习近平总书记指出:"无障碍设施建设问题是一个国家和社会文明的标志,我们要高度重视。"这为我国无障碍事业发展提供了遵循,指明了方向。无障碍环境建设是一个国家科技化、智能化、信息化水平的体现,是一个国家经济建设和社会建设水平的体现,也是一个国家硬实力和软实力的综合体现。无障碍环境建设的高质量发展,将更好地满足人民群众日益增长的需

张苏军　第十三届全国人大常委会委员,第十三届全国人大监察和司法委员会副主任委员,中国法学会党组成员、副会长。

求，充分体现"以人民为中心"的发展理念。我国有8500多万残疾人，有近2.64亿60岁以上老年人，是世界上残疾人口和老年人口最多的国家，在无障碍环境建设方面有着巨大的现实需求。消除公共设施、交通出行、信息通信等领域的障碍，让广大老年人、残疾人平等地参与到康养、教育、就业和社会生活中，加强无障碍环境建设，是保障全社会成员特别是残疾人、老年人等有特殊需求群体融合共享社会生活的重要前提，是完善城乡基本公共服务的重要内容，是应对老龄化、满足适老化需求的重要措施，是建设美丽中国、健康中国的重要体现，是国家经济发展、人权保障、社会文明进步的重要标志。对于提升老年人、残疾人的社会适应能力，促进社会融合具有重要的现实意义。

近年来，我国无障碍环境建设发展迅猛。无障碍法规政策标准体系不断完善，无障碍设施、无障碍信息、无障碍服务水平不断提高，城乡无障碍环境建设方兴未艾，社区、残疾人家庭无障碍改造受益面不断扩大，无障碍环境建设取得的成就，在国内外彰显了重要的人文价值，产生了良好的社会影响。党的十九届六中全会总结中国共产党从小到大、从弱到强，从胜利走向胜利的根本经验，就在于依靠人民、服务人民、赢得民心。坚持以人民为中心的发展思想，着力保障和改善民生，着力解决人民群众急难愁盼问题，加强基础性、普惠性、兜底性民生保障建设，在幼有所育、学有所教、劳有所得、病有所医、老有所养、住有所居、弱有所扶方面不断推进。为人民创造安宁祥和、稳定有序的社会环境，才能让人民生活全方位改善，获得感、幸福感、安全感更加充实、更有保障、更可持续。这其中，高质量推进无障碍环境建设发展是必不可少、大势所趋的应有之义。

应该看到，当前我国无障碍环境建设与经济建设和社会发展水平还不相适应，无障碍环境建设还面临着诸多亟待解决的困难和问题；我国法律中关于无障碍的规定还不系统、不规范，法律之间缺乏有效衔接，而且多部专业领域的法律中未涉及无障碍环境建设的规定内容，因此，需要整合并形成系统完善的无障碍专门法律，强化无障碍法规政策实施落地的切实举措，进一步以法治来推进无障碍环境建设与国家社会经济发展和人权保障成果的融合，以法治来建立新冠肺炎疫情防控工作中的无障碍环境保障长效机制，以法治来促进无障碍环境护佑人民群众生命安全和身体健康，以法治来保障我国无障碍环境建设持续健康高质量发展，满足社会全体成员对无障碍环境建设日益增长的迫切需求。

无障碍环境建设立法已成为当前重要课题，是新阶段推进无障碍环境建设的必然所需，亟待加快无障碍环境建设立法进程。无障碍环境建设是一项整体的社会改造工程，不仅需要政府的主导，还需社会力量，特别是科研机构、社会组织等的广泛参与。无障碍立法既要立足现实，也要有前瞻性，要在中国特色社会主义法治体系之下探寻无障碍建设的法治保障，满足广大社会成员日益增长的无障碍需求，实现无障碍环境建设的高标准、高质量发展。

借《国家无障碍战略研究与应用丛书》（第二辑）出版，向促进社会美好和谐发展的中国无障碍事业致敬！向丛书全体编创人员表示感谢和敬意！

2021 年 11 月

国家无障碍战略研究与应用丛书（第二辑）

顾 问

叶静漪　庄惟敏　吕世明

前　言

中国特色社会主义进入新时代以来，我国对待残障人士的视角正在经历从"医疗模式"到"社会模式"的转变，以"平等、参与、共享"为核心观念的领先价值观对待残障人士。党和各级政府及残联等组织，都在号召以尊重、接纳、理解、关心残疾人为方向，帮助残障人士实现其权利，帮助其幸福而充分地融入社会生活，共享改革开放所带来的社会物质文化的成果。通过无障碍服务设计，保障包含残疾人、老年人、妇女儿童、伤病员等社会特殊群体的社会生活流畅度和积极性，未来的无障碍服务设计也将继续朝着更完善的方向前进。

首先，对用户需求的满足是服务之本，是无障碍服务设计的导航图。在我国的普惠社会政策下，无障碍服务及产品已完成"从0到1"的构建阶段，在相关组织、机构、部门的合作之下，无障碍服务已从居住、出行、教育等领域衍生至各个领域，并取得显著效果，为我国残障居民的生活形成了有力支持和保证。伴随着我国经济的持续发展，居民生活水平的逐步提高，残障用户的需求也变得越发丰富和个性化。在不远的将来，无障碍服务领域需要对残障人群的需求场景进行更细分的建构，才能精准地提供相关服务去满足这些场景下的需求。在如此个性化和丰富化的服务需求下，理解用户，并从各类型残障用户的行为模式、思考路径去有针对性地定制服务内容成为其中关键。只有回归用户，以用户为中心才能制定出有需求匹配的产品或服务，才能让价值真正落地。在上述情况产生的趋势下，理解用户的调研工作将成为无障碍服务设计的重中之重。

其次，科技创新将为无障碍服务设计的升级提供平台和动能。科技创新在无障碍领域的发展已被政府及相关行业头部企业所重视,并在无障碍相关领域技术革新中取得显著成果。伴随着科技的飞速发展,引进高科技,为广大残障人士提供智能化服务,是改善残障人士生存状况、提升其生活体验的重要途径。对于我国1700万视力障碍者而言,日常生活中两个最大的困难就是出行和信息获取。信息的无障碍阅读,是服务于盲人群体的重要机制,而针对盲人群体,语音类的在线购物、订餐等服务亦是急需。针对此类需求,诸多相关行业互联网软件公司都尝试在自身服务的基础上进行无障碍化改良,共同搭起了一道"互联网软件盲道"。

第三,无障碍服务设计将基于大数据的采集与计算实现可持续的迭代升级。在无障碍领域,对无障碍服务的采集与线上化呈现,将极大程度提高残障者线下生活体验。通过对如餐饮、美容、文娱等线下商户的无障碍设施(如厕所、座位、电梯等设备信息)采集,积累大量无障碍poi信息,打造无障碍线下服务数据库,为残障者走出家里,融入主流社会生活提供有效助力。除此之外,在长远规划中,生活服务类平台将在poi数据库建立完善后,结合国际通行无障碍标准,推出无障碍生活服务榜单,推动商户无障碍设施的完善与升级。数据驱动的价值从线上延展到线下,实现残障人士全链路的数字生活新体验。

未来,期望有更多的科技力量加入到社会服务及公益项目中,多维度改善障碍群体的体验现状,也让更多用户通过科技享受便利。互联网创造的平行世界,为不少残障人士打开了重新接入世界的机会。但"数字平权"的过程相当漫长,它涉及数字教育、数字医疗、环保、社交等重要部分,它需要社会观念的嬗变作推手,更需要技术的演进作保障,多维度提高残障群体的生活现状,在互联网创造的信息世界让残障人士打开通道,虽然"数字平权"的过程会需要长期投入,但企业社会责任感的认知和观念的传播将成为有力的助推器。技术的演进将打破互联网的平行世界,让残障者与非残障者平等交流,共享进步。科技予以残障群体的价值与温度,将成为社会文明进步的重要标志。

在此背景下,本书将以人为本的设计视角、系统化的设计路径、符合中国国情的设计落地方法论引入无障碍领域,探索既有学术指导性,也有实践意义的价值内容,并始终贯彻"平等、参与、共享"为核心观念的领先价值观,期望对未来的无障碍服务设计产生积极影响。

本书主要有五个方面的重点内容:第一,探讨无障碍定义演变,分析无障碍领域整体趋势。第二,探索中国无障碍服务现状,明确现存问题。第三,剖析国内外先进无障碍服务实践,总结先进经验。第四,将服务设计这一新兴学科引入无障碍领域中,系统性分析残障人群生活场景与具体问题。第五,建立无障碍服务设计相关原则,并形成未来面向社会公共服务人员和管理者的重要参考资料。

中国的无障碍服务设计的发展之路道阻且长,只有秉持立足本土、扎根现实、实事求是的科研精神才能真正理解其创新探索的丰富内涵。期望在无障碍服务设计领域抛砖引玉,吸引更多的有志之士加入到无障碍的可持续建设的事业之中,本书自有缺漏之处,在理论框架和方法论上均有不足,研究的深度亦有拓展和深入的空间。希望对我国的无障碍服务设计研究贡献新知和参照。

孙聪

2021年6月

目 录

总　序 ……………………………………………………………… 张苏军
前　言 ……………………………………………………………………… 001

第一章　无障碍的定义与发展 …………………………………………… 001
　　第一节　无障碍的定义更迭 ……………………………………… 002
　　　　一、早期设计领域定义 ……………………………………… 002
　　　　二、广泛环境定义 …………………………………………… 002
　　　　三、社会层面定义 …………………………………………… 002
　　　　四、从"残障"到"无障碍" ………………………………… 003
　　第二节　无障碍的社会语境转变 ………………………………… 004
　　　　一、确定残疾的"医疗模式" ……………………………… 004
　　　　二、审视残疾的"社会模式" ……………………………… 004
　　　　三、从"医疗模式"到"社会模式" ……………………… 006
　　第三节　我国"无障碍"建设的推动进程 ……………………… 007
　　　　一、康复领域的无障碍建设 ………………………………… 008
　　　　二、教育领域的无障碍建设 ………………………………… 008
　　　　三、就业服务的无障碍建设 ………………………………… 009
　　　　四、社会保障的无障碍建设 ………………………………… 009
　　　　五、扶贫开发的无障碍建设 ………………………………… 010
　　　　六、宣传领域的无障碍建设 ………………………………… 010
　　　　七、体育领域的无障碍建设 ………………………………… 010
　　　　八、残联维权的无障碍建设 ………………………………… 011

九、无障碍组织的建设 ··· 011
　　　十、服务设施的无障碍建设 ··· 012
　　　十一、无障碍的信息化建设 ··· 012

第二章　无障碍服务的背景、现状及需求 ····························· 013
　第一节　无障碍服务的背景 ··· 014
　　　一、服务经济的转型 ·· 014
　　　二、服务需求的丰富与多元化 ······································ 017
　第二节　无障碍服务的现状 ··· 018
　　　一、政府端服务现状 ·· 018
　　　二、商业端无障碍服务现状 ··· 027
　　　三、用户服务感知现状 ·· 033
　第三节　无障碍服务设计的战略方向 ·································· 044
　　　一、更"以人为本"的设计视角 ····································· 044
　　　二、更系统性的设计范围 ··· 047
　　　三、更贴合场景的技术整合 ·· 048
　　　四、更符合中国现状实践的设计落地 ······························ 049

第三章　无障碍语境下的服务设计方法 ································ 051
　第一节　服务设计背景与定义 ·· 052
　　　一、服务设计背景 ··· 052
　　　二、服务设计关键定义 ·· 054
　第二节　服务设计原则与流程 ·· 056
　　　一、服务设计原则 ··· 056
　　　二、服务设计流程 ··· 060
　第三节　无障碍语境下的服务设计调研方法 ························· 062
　　　一、问卷调研法 ··· 062
　　　二、用户访谈法 ··· 067
　第四节　无障碍语境下的服务设计工具 ······························· 070
　　　一、用户画像 ··· 070
　　　二、用户旅程图 ··· 071
　　　三、相关利益者地图 ·· 072

	四、服务体验蓝图	073
	五、价值主张画布	075
	六、商业模式画布	077
第四章	无障碍服务设计领先经验与实践	079
第一节	无障碍服务与智慧城市	080
	一、出行预案——无障碍服务信息的采集与分发	080
	二、出行便利——辅助残障人士的无障碍导引	082
第二节	无障碍服务与生活休闲	085
	一、无障碍的国内及境外旅行	085
	二、无障碍的城市通勤	086
	三、无障碍的社区服务保障	089
	四、无障碍的游戏娱乐服务	091
第三节	无障碍服务与文化艺术	092
	一、艺术平权——艺术教育的无障碍服务	092
	二、兼容并包——公共艺术机构的无障碍保障	097
第四节	无障碍服务与辅助工具	103
	一、重见光明——视力无障碍辅助工具	103
	二、顺畅沟通——听力无障碍辅助工具	107
	三、防止走失——精确定位服务的无障碍辅助工具	111
	四、个人护理——肢体无障碍服务的辅助工具	112
第五节	无障碍服务设计方向	114
	一、服务信息可得性	114
	二、服务反馈即时性	116
	三、服务内容针对性	116
	四、服务流程连续性	116
	五、服务迭代共创性	117
第五章	中国无障碍服务设计探索	119
第一节	中国残障人群面对的挑战	120
	一、健康风险	120
	二、教育困难	123

三、婚恋困难 …………………………………………………… 124
　　四、就业困难 …………………………………………………… 125
　　五、心理健康 …………………………………………………… 126
第二节　中国视力障碍人群理解与服务探索 ………………… 128
　　一、中国视力障碍者生活现状 ………………………………… 128
　　二、"艺术之旅"——视觉障碍者的艺术服务设计项目 …… 134
　　三、"购物模块再定义"——视觉障碍者的购物服务设计 … 145
　　四、"技能互助服务"——视觉障碍者的学习服务设计
　　　　项目 …………………………………………………………… 156
第三节　中国智力障碍人群理解与服务探索 ………………… 162
　　一、中国智力障碍者生活现状 ………………………………… 162
　　二、"温馨家园摄影课程再设计"——智力障碍者的课程
　　　　服务设计项目 ………………………………………………… 168
　　三、中国肢体障碍人群理解与服务探索 ……………………… 174
　　四、"Hi！蝌蚪"——肢体障碍者的出行服务设计项目 … 177
第四节　中国听力障碍人群理解与服务探索 ………………… 181
　　一、中国听力障碍者生活现状 ………………………………… 181
　　二、"MoodTalk"——听力障碍者的沟通服务设计项目 … 184

参考文献 …………………………………………………………… 197

后　记 ……………………………………………………………… 203

第一章
无障碍的定义与发展

第一节　无障碍的定义更迭

一、早期设计领域定义

无障碍的概念最早起源于建筑环境设计领域,强调社会公民在进入及从事社会生活的物理环境上的无障碍,以保障残障公民、老年人、孕妇、儿童等社会特殊群体独立自主、安全出行、平等参与社会生活。

无障碍环境是一种使残疾人能够安全自由地走动并使用建筑环境、道路、公园、花园和其他地方中的所有设施的环境。无障碍设计的目的是提供一种环境,以支持个人的独立运作,以便他们无需任何协助即可参加所有活动。

二、广泛环境定义

由联合国制定的标准中,强调"无障碍环境不是一种行为或状态,而是指进入、接近、使用一种环境的选择自由"。将"无障碍"概念扩张为广义的跨学科跨行业以保障残疾人平等社会参与的语境。同时,联合国设定了评判"无障碍"的标准,将无障碍环境特征指定为以下5项:

可得性:公民是否可以去到想去的地方?
便利性:公民是否完成想完成的事?
资源可供性:特殊/紧急需求是否能被满足?
特殊支持:是否可以被周围的人接受?
平等:是否能被社会其他成员平等相待?
符合以上5个标准的环境,即刻被认定为"无障碍环境"。

三、社会层面定义

虽然针对范围包含老年人、孕妇、儿童等对社会环境有特殊需求的人群，但生活中普遍面对更多障碍的残障人士仍是无障碍设计的主要针对对象。

无障碍理念的提出同样标志着对于残障人士认知态度上的转变。在无障碍理念的背景下，全球范围内的社会认知都普遍认同，即残疾是一种社会结构，而不是"异类"和"变数"。

在无障碍的理念推行之前，残疾人面临的大多数日常问题是由于他们生活在一个敌对的、致残的世界中而造成的，该世界的主要目的是适应与服务身体健全的人，这导致了普遍的歧视，并引发了一种错误的观点，即我们在"帮助"或者"照顾"残障人士，这极大程度地降低了政府和公众在进行相应考量时的动力。

无障碍试图推行新的理念：残疾人的产生，是因为社会不考虑到他们的身体、感官或精神上的差异，使得他们在生活上存在诸多不便，从而"被残疾"。通过提供无障碍服务，社会模式将从对特殊人群的"额外帮助"转变为"责任义务"，这是比其他试图"改变、治愈、照顾"有残障者的权利更为基础的解决方案。

四、从"残障"到"无障碍"

从定义"残障"到"无障碍"，是将对于社会特殊人群的语境从"强调人的能力缺失"转化到"强调环境的完善程度"。与此同时，无障碍服务所针对的人群也从特定群体转变到泛人群的整体普惠。无障碍服务目前所针对的对象不仅仅包括残疾人，还有老年人、儿童、孕妇等及一切因身体及精神方面的因素在社会活动中遭受阻碍的人，甚至并包含因特定场景而产生特定无障碍场景需求的人群，如"携带重物者""哺乳人群"，等等。

总之，无障碍的理念强调包含残障人士的广泛人群在社会参与和融入中的重要性和必要程度，无障碍也从狭义的应用于建筑环境方面到广义的跨学科跨行业以保障残疾人平等社会参与的语境转换，是社会文明进步的重要标志。

第二节　无障碍的社会语境转变

伴随着对待障碍人士社会语境转变的是与无障碍相关认知的转变。整体而言，无论在世界范围还是聚焦中国，与无障碍相关的政策都经历了从"医疗模式"到"社会模式"的转变。

一、确定残疾的"医疗模式"

19世纪到20世纪，关于残障人士的整体对待模式可以概括为"医学模型"。在此期间，社会将残疾定义为可以直接根据疾病或疾病引起的潜在病理（损害）来确认的疾病。残障人士的诊断与帮助被认为和残疾的"治疗"密切相关，长期以来一直被认为是医师的职权范围，只有医生才有权评估、诊断和治疗及缓解残疾。

残疾的"医学模式"认为残疾确立的关键是解剖学和生理指标的客观事实。该模型适用于残疾人的诊断、病理学明确、治疗策略确认。时至今日，"医疗模式"仍是社会保障残疾确定的基础。

二、审视残疾的"社会模式"

残疾的"社会模式"源于20世纪七八十年代的"反残障隔离运动"，其基础观念为：社会通过歧视、环境准入和主要生活活动的基础设施的不便，包含个人和机构的偏见和歧视、公共场所、建筑、交通工具的物理障碍、教育及工作机会的阻碍等整个社会的方方面面，这些才是"残疾"产生的真正原因。

1975年，英国残障人士组成的反残障隔离联盟（UPIAS）表示，"我们认为，是社会使残障人士失去了能力。残疾是我们无能为力的一种方式，因为我们被不必要地孤立和排斥在外，无法充分参与社会"。1983年，著名残疾人学者、社会运动家麦克·奥利弗（图1-2-1）正式提出了"残障的社会模式"概念，从而正式区分了"障碍人士"与医学上的残疾人士。

社会模型的建立有助于制定社会策略，以更好地消除对残障人士的社会障碍，从而使他们受到的阻碍最小化。"社会模式"的核心原则是"非歧视性对待"，认为"歧视与隔离"是对残疾人社会权利与人权的侵犯，残疾本身不应成为社会隔离和排斥残疾人的借口，真正意义上的"残疾"是社会障碍造成的。

图 1-2-1　麦克·奥利弗

无障碍建设工作需要把关注点从针对残疾人个体的"特殊服务"，转为解决残疾人群体在内的所有人，特别是在社会活动中经常受到阻碍的人，如老人、儿童、孕妇等在完全融入社会过程中所面临的普遍障碍。

从整个社会角度，社会服务需要回归无障碍建设的责任主体，将无障碍环境建设作为一项整体的社会改造工程。在这样的思想指导下，无障碍环境建设的理念才能从"集中与分割"转变为"分散与融入"。无障碍设计从针对残疾人的"便利性设计"转变为最大程度地方便每个人使用的"通用型设计"。无障碍建设才能从"私人设施改造"转变为首先在公共设施和公共服务的完善中实现。

作为社会模式的政策化体现，1969年联合国通过了《禁止一切无视残疾人的社会权利的决议》，并发布了《残疾人权利宣言》，以从社会整体视角保障残障人士权益。随后，又于1974年召开的"联合国残疾人生活环境专家会议"，第一次正式明确无障碍环境城市理念，将其定义为："健全人、病人、儿童、老年人、青年人、残疾人等所有人群都能够平等、自由、无障碍生活的城市。"

在联合国层面的倡导下，如何消除隔离，真正拥抱残疾人，使其顺畅地参与社会生活成为世界各国政府和社会人士越发关注的课题，"融合而非分离"成为无障碍建设工作的共识方向。哥本哈根社会发展问题世界首脑会议在《社会发展问题哥本哈根宣言》中指出，作为世界上最大的少数群体的残疾人往往被迫陷入贫苦、事业和社会上的孤立，因而建议推广残疾人机会均等的标准规则。联合国《残疾人权利公约》确认，"残疾"是一个演变中的概念，残疾是伤残者和阻碍他们在与其他人平等的基础上充分和切实地参与社会各种态度和环境障碍相互作用所产生的结果。

三、从"医疗模式"到"社会模式"

在我国的无障碍建设初期，主要法律和政策方向同样是基于"残疾的医疗模式"认知，从医学角度判定残疾人的身体属性，认为是身体的病理学原因导致残疾人对于社会参与的能力限制。残疾人是应当被作为福利赠予、慈善捐助、社会帮扶等活动的受众，而不是有独立能力，能够向社会输出价值的个体。

这种基本认知导致我国社会普遍将残疾人士在多方面的社会活动，包含"教育""交通""就业"等等独立开来，区别对待，而非作为社会整体的固有部分，将残疾人的需求融入其中。而一旦残障人士从区别对待，被隔离于社会主流之外，这必将导致非残障的社会主流人群对于残障人士的存在歧视和异样视角，而这种歧视势必反向影响残障人士所获得的教育资源、公共资源和个体自信，从而进一步降低其社会参与能力与积极性，从而形成恶性循环，使得残疾群体的社会参与状况每况愈下。

值得欣喜的是，作为社会文明进步的重要标志，近年来，我国对待残障人士的视角也在经历从"医疗模式"到"社会模式"的转变。

社会认知层面：为了将迈向全面小康的社会主义中国的建设成果分享给全体人民，在对待残障人士方面，我国依然形成了以"平等、参与、共享"为核心观念的领先价值观。党和各级中央人民政府及残联等国家组织，都在强烈号召以尊重、接纳、理解、关心残疾人为主要方向，帮助残障人士实现其权利，幸福而充分地融入社会生活，共享改革开放所带来的社会物质文化的成果。通过无障碍环境保障包含残疾人、老年人、妇女儿童、伤病员等社会特殊群体的社会生活流畅度和积极性。

法律及政策层面：除了保障残疾人权益的《中华人民共和国残疾人保障

法》《残疾人权利公约》根本性文件，我国同样推出了《无障碍环境建设条例》《关于促进残疾人事业发展的意见》等具有落地指导意见的政策法规。无论在政策的制定还是逐步落实的过程中，都充分征求无障碍针对的社会人群意见，并结合各省具体实际，出台可切实落地的无障碍设施建设、管理规定。通过明确的执法主体，专项管理的相关部门，明确的失职追究机制保证政策的贯彻落地。

具体实践层面：在完善城市级无障碍建设的同时，着力补齐短板，针对村镇等薄弱环节，加强与新型城镇化、新农村建设的统筹协调，营造整体无障碍环境建设氛围。如在城市交通建设上，将城市道路和公共建筑的无障碍设施建设列入依法行政的大局，作为城市建设的形象工程和民生实事的关键工作。在教育引导上，在基础教育中增加相关内容，从小培养无障碍理念。高等院校开设相关课程，培养专门人才。充分发挥舆论引导作用，利用电视、报纸、网络等多种媒介，从学校、社区到公共场所开展无障碍知识的宣传活动，弘扬共享理念，普及法律法规，消除隐性歧视，营造"建设无障碍，方便你我他"的良好社会氛围等。

第三节 我国"无障碍"建设的推动进程

随着无障碍建设的进程，在中国政府有关部门及残联等相关组织的主导下，各个行业均在逐步制定和完善行业内的无障碍标准（表1-3-1），并完善落实以下政策及法规：

表1-3-1 无障碍相关法规整理

2000年	中国民用航空局	发布《民用机场旅客航站区无障碍设施设备配置标准》
2005年	中国铁道部	发布《铁路旅客车站无障碍设计规范》
2006年	中国工业和信息化部	发布《网站无障碍》
2007年	中国常驻联合国代表	签署《残疾人权利公约》

续表

2008 年	中共中央国务院	发布《关于促进残疾人事业发展的意见》
2012 年	中华人民共和国国务院	发布《无障碍环境建设条例》
2018 年	中国残联无障碍环境建设推进办公室	发布《通用无障碍发展北京宣言》
2020 年	中国工业和信息化部	发布《关于推进信息无障碍的指导意见》
2020 年	中国残疾人联合会	发布《信息技术互联网内容无障碍可访问性技术要求与测试方法》
2020 年	中国残疾人联合会办公厅	发布《关于切实做好建档立卡重度残疾人家庭无障碍改造工作 助力残疾人脱贫攻坚的通知》
2020 年	中国工业和信息化部	发布《互联网应用适老化及无障碍改造专项行动方案》

改革开放以来，我国残疾人事业取得了显著成果，在康复、教育、就业等方面都不断提升。据 2020 年残疾人事业发展统计公报显示，我国已在以下方面取得显著成果。

一、康复领域的无障碍建设

2020 年，1077.7 万持证残疾人及残疾儿童得到基本康复服务，其中 0—6 岁残疾儿童 23.7 万人。得到康复服务的持证残疾人中，有视力残疾人 114.6 万、听力残疾人 81.6 万、言语残疾人 5.1 万、肢体残疾人 542.8 万、智力残疾人 86.4 万、精神残疾人 178.4 万、多重残疾人 54.7 万。全年共为 242.6 万残疾人提供各类辅助器具。

截至 2020 年底，全国已有残疾人康复机构 10440 个，其中残联系统康复机构 2550 个。康复机构在岗人员达 29.5 万人，其中，管理人员 3.1 万人，业务人员 21.3 万人，其他人员 5.1 万人。

二、教育领域的无障碍建设

2019 年，以普及适龄残疾儿童少年义务教育、推广国家通用手语和国家通用盲文为重点，进一步改善残疾人教育支持保障条件。配合教育部实现 2020 年底适龄残疾儿童少年义务教育入学率达到 95% 的目标。会同教育部修订《残疾人中等职业学校设置标准》，推动修订《普通高等学校招生体检工作指导意见》。《〈中华人民共和国国歌〉国家通用手语方案》作为语言文字规范发布实施。组织研制国家通用手语和国家通用盲文水平等级标准、手语翻译资格（水平）标准，研建国家通用盲文测试大纲和题库。实施残疾人事业专项彩票公益金助学项目，为1.5万名家庭经济困难残疾儿童享受普惠性学前教育提供资助，带动各地对5409名残疾儿童给予学前教育资助。

2020年，全国共有特殊教育普通高中（部、班）104个，在校生10173人，其中聋生6034人、盲生1491人、其他2648人。残疾人中等职业学校（班）147个，在校生17877人，毕业生4281人，毕业生中1461人获得职业资格证书。全国有13551名残疾人被普通高等院校录取，2253名残疾人进入高等特殊教育学院学习，4.6万名残疾青壮年文盲接受了扫盲教育。

三、就业服务的无障碍建设

2020年城乡持证残疾人新增就业38.1万人，其中，城镇新增就业13.2万人，农村新增就业24.9万人；城乡新增残疾人实名培训38.2万人。

全国城乡持证残疾人就业人数为861.7万人，其中按比例就业78.4万人，集中就业27.8万人，个体就业63.4万人，公益性岗位就业14.7万人，辅助性就业14.3万人，灵活就业（含社区、居家就业）238.8万人，从事农业种养424.3万人。

全国共培训盲人保健按摩人员12761名、盲人医疗按摩人员7820名。现有保健按摩机构17313个，医疗按摩机构873个。621人获得盲人医疗按摩人员初级职务任职资格，138人获得中级职务任职资格。

四、社会保障的无障碍建设

2020全年，残疾居民参加城乡社会养老保险人数2699.2万；680.1万60岁以下参保重度残疾人中，657.9万享受了参保个人缴费资助政策，占比96.7%。303.7万非重度残疾人享受了个人缴费资助政策。1140.5万人领取养老金。

残疾人托养服务工作稳步推进，残疾人托养服务机构8370个，其中寄宿制托养服务机构1945个，日间照料机构3615个，综合性托养服务机构1369个，为11.7万残疾人提供了托养服务。42万残疾人接受居家服务。3.6万名托养服务管理和服务人员接受了各级各类专业培训。

五、扶贫开发的无障碍建设

圆满完成贫困残疾人脱贫攻坚任务。2020年，全国有45.7万人次农村残疾人接受了实用技术培训，4158名贫困残疾人获得康复扶贫贴息贷款扶持，4581个残疾人扶贫基地安置5.6万名残疾人就业，辐射带动9.6万户残疾人家庭增收。

全国共完成4.8万户农村贫困残疾人家庭危房改造，投入资金6.3亿元，5.6万名残疾人受益。

六、宣传领域的无障碍建设

2020年，以"助残脱贫·决胜小康"为主题，组织第三十次全国助残日活动，精心组织开展"决胜全面小康、决战脱贫攻坚"主题宣传活动，以"残疾人脱贫攻坚中的奋进力量"为题，在国务院新闻办公室举行残疾人脱贫攻坚基层代表中外记者见面会，开展第15届残疾人事业好新闻奖评选，发布全国助残日主题歌曲《一个也不能少》；全年组织记者采访500多人次，进行60多次专题新闻发布，拍摄制作发布《残疾人小康故事》视频纪录片，组织拍摄微视频5部。各级媒体大力宣传残疾人事业，新华社发表文章288篇，中央广播电视台总台播发新闻80条，《人民日报》发表文章138篇。"两微一端"关注、订阅人数462万人。截至2020年底，全国共有省级残疾人专题广播节目25个、电视手语栏目34个；地市级残疾人专题广播节目209个、电视手语栏目262个。

扶持地县级公共图书馆盲人阅览室建设，实施文化进残疾人家庭"五个一"项目。组织第二批"十三五"全国残疾人文创产业基地申报评选工作。截至2020年底，全国省、地、县三级公共图书馆共设立盲文及盲文有声读物阅览室1258个，共开展残疾人文化周活动8000余场次；全国省、地两级残联艺术团249个。

七、体育领域的无障碍建设

2020年，备战北京冬残奥会和东京残奥会，组织冬残奥6个项目5支队伍、夏残奥14个项目17支队伍开展训练，举办残奥单板滑雪、越野滑雪、亚洲杯比赛，参赛获得金牌 30 枚，参加 2020 年自行车、羽毛球国际赛事获得金牌 17 枚，并实现残疾人体育领域疫情"零感染"。全国新增设立社区残疾人健身示范点 1320 处，为 10.9 万户重度残疾人提供康复体育进家庭服务，培养残疾人社会体育指导员 1 万名，新增设立 13 个国家残疾人体育训练基地，开展健身周、特奥日、冰雪季活动。全国残疾人社区文体活动参与率由 2019 年的 14.6% 上升至 17.8%。

八、残联维权的无障碍建设

各级残联维权组织建设进一步加强，残疾人事业法律法规体系进一步完善，无障碍环境建设取得新突破，残疾人维权工作全面开展。

2020 年，制定或修改省级关于残疾人的专门法规、规章 4 个，地级 5 个；制定或修改保障残疾人权益的省级规范性文件 22 个，地级 64 个，县级 163 个。全国县级以上人大开展《中华人民共和国残疾人保障法》执法检查和专题调研 318 次；政协开展视察和专题调研 282 次。全国开展省级普法宣传教育活动 500 多次，近 40 万人参加；举办省级法律培训班 44 个，4800 多人参加。

全国成立残疾人法律救助工作协调机构 2881 个，建立残疾人法律救助工作站 2795 个。

残疾人参政议政工作稳步开展，各地残联协助人大代表、政协委员提出议案、建议、提案 735 件，办理议案、建议、提案 1109 件。

无障碍环境建设法规、标准进一步完善。全国共出台了 674 个省、地、县级无障碍环境建设与管理法规、政府令和规范性文件；1753 个地市、县系统开展无障碍环境建设；全国开展无障碍环境建设检查 8000 多次，无障碍培训 5.6 万人次；为 167.3 万残疾人家庭实施了无障碍改造，其中包括近 10 万贫困重度残疾人；为 34.1 万残疾人发放了残疾人机动轮椅车燃油补贴。

九、无障碍组织的建设

2020 年，全国省、地、县乡（除新疆生产建设兵团外）共有残联 4 万个，各省（区、市）、市（地、州、盟）、县（市、区、旗）全部成立残联，96.4% 的乡镇（街道）已建立残联；95.5% 的社区（村）建立残协，共 53.9 万个。

地方各级残联工作人员 10.8 万人，乡镇（街道）残联、村（社区）残协专职委员总计 55.3 万人。全部省级残联、65.8% 的地级残联配备了残疾人领导干部，48.7% 的县级残联配备了残疾人干部。

地方各级残疾人专门协会 1.5 万个，其中省、地、县级各类专门协会已建比例分别为 98.8%、97.1% 和 91.3%。全国助残社会组织 3004 个。

十、服务设施的无障碍建设

残疾人服务设施建设得到全面发展。2020 年，全国竣工各级残疾人综合服务设施 2318 个，总建设规模 612.3 万平方米，总投资 196.2 亿元；竣工各级残疾人康复设施 1063 个，总建设规模 462.7 万平方米，总投资 146.4 亿元；竣工各级残疾人托养服务设施 1024 个，总建设规模 285.4 万平方米，总投资 77.3 亿元。

十一、无障碍的信息化建设

截至 2020 年底，全国 31 个省级、256 个地级、760 个县级残联开通网站，全国残疾人人口基础数据库入库持证残疾人 3780.7 万人。与公安部、民政部、教育部、人力资源社会保障部等部门建立共享机制，并向 31 个省、地级残联提供残疾人数据接口和数据推送服务。基于残疾人人口基础数据库，落实残联重点业务应用建设，推动"一网通办"落地执行。

第二章
无障碍服务的背景、现状及需求

第一节 无障碍服务的背景

一、服务经济的转型

国务院总理李克强2019年10月14日主持召开国务院常务会议，确定进一步扩大国内消费的政策措施，促进服务业发展和经济转型升级；部署持续深化商事制度改革，更大降低创业创新制度性成本。会议强调："将通过改革创新增加消费领域特别是服务领域有效供给、补上短板，有利于改善民生、培育经济发展新动能。几年来采取的一系列政策，有力推动了消费扩大，促进了服务业发展和制造业品质提升，支撑了经济转型升级。"

国家统计局2020年11月发布的情况显示，社会消费品销售已经同比增幅创下了年度最低。相反的是，服务类消费数据却十分喜人。据数据显示，我国在11月份餐饮行业的营收已经高达4980亿元，同比下降0.6%。同期文娱行业——电影的全国票房为18.82亿元，该数据刷新了该月份前一年的历史纪录且同比下降47.7%。由此可见我国的服务消费需求的逐步攀登。整体看来，国内居民服务类消费比重已占居民整体消费42%以上，并几乎与实体消费持平。从消费属性而言，服务消费与实物消费尽管存在差别，但二者不是互相孤立而是互相影响的。

比如通过实物消费的升级对服务消费有一定的催化和助推效果，如通过住宅房产的销售带动社区型商业服务的消费力，通过汽车的销售升级能够引发汽车改装、维保、美容等后市场服务的繁荣，和保险、理财等汽车金融服务的跟进。

表 2-1-1　国家统计局 2020 年 11 月份社会消费品零售总额主要数据

指　标	11月		1—11月	
	绝对量（亿元）	同比增长（%）	绝对量（亿元）	同比增长（%）
社会消费品零售总额	39514	5.0	351415	−4.8
其中，除汽车以外的消费品零售额	35497	4.2	316884	−5.0
限额以上单位消费品零售额	15190	8.3	127124	−2.8
实物商品网上零售额	−	−	87792	15.7
按经营地分				
城镇	34072	4.9	304413	−4.9
乡村	5442	5.6	47002	−4.3
按消费类型分				
餐饮收入	4980	−0.6	34578	−18.6
其中，限额以上单位餐饮收入	860	1.8	7267	−15.9
商品零售	34534	5.8	316837	−3.0
其中，限额以上单位商品零售	14330	8.7	119856	−1.9
粮油、食品类	1361	7.7	13772	10.1
饮料类	218	21.6	2081	13.7
烟酒类	380	11.4	3460	3.5
服装鞋帽、针纺织品类	1497	4.6	10849	−7.9
化妆品类	511	32.3	3076	9.5
金银珠宝类	258	24.8	2091	−6.6
日用品类	710	8.1	5870	7.4
家用电器和音像器材类	1048	5.1	7565	−5.5
中西药品类	503	12.8	4797	7.3
文化办公用品类	424	11.2	3104	5.4
家具类	168	−2.2	1409	−7.9
通信器材类	823	43.6	5007	12.0
石油及制品类	1532	−11.0	15323	−15.6
汽车类	4017	11.8	34531	−2.8
建筑及装潢材料类	188	7.1	1526	−4.8

注：1. 此表速度均为未扣除价格因素的名义增速；
　　2. 此表中部分数据因四舍五入的原因，存在总计与分项合计不等的情况。

整体而言，服务业俨然已成为我国经济发展的主动力，也成为经济上行，国民就业、财税、市场活力的重要力量和基石。随着服务经济转型的进程，政策端进一步放宽加大市场开放度以吸引更多资本加入服务消费领域。从市场来看，服务业已成为新增市场主体的核心领域。自我国改革开放以来，服务业各领域对个体经济、民营经济、外资经济的准入不断放开，市场主体数量稳步增长。当前，服务业企业占新登记注册企业的80%左右，成为新增市场主体的主力军。同时在各服务类相关行业也提供了较大的政策激励，使我国服务转型的进程加快并取得更好的经济反馈成果。

从规模上看，服务业已成为我国第一大产业和经济增长的主要动力。2015年服务业占GDP比重首次突破50%，2017年服务业占GDP的比重达51.6%，对国民经济增长的贡献率达58.8%，2019年服务业占GDP比重为53.9%，比上年提高0.6个百分点。从就业上看，服务业是吸纳就业的主要渠道。据统计，2020年底，服务业已成为我国就业市场的主体，就业人员占全部就业人员的比重为47.7%，高于第二产业19个百分点。从对"钱袋子"的贡献看，服务业成为财税增长的重要来源。2020年服务业在税收中的比重达到58.1%，成为我国财税收入稳定增长的重要支撑。近几年，服务业税收收入对新增税收的贡献一直保持在50%以上。从市场活力看，服务业成为新增市场主体的主要领域。改革开放以来，服务业各领域对个体经济、民营经济、外资经济的准入不断放开，市场主体数量稳步增长。当前，服务业企业占新登记注册企业的80%左右，成为新增市场主体的主力军。

从无障碍领域来看，我国目前的无障碍服务内容已经完成在医疗、教育、娱乐、出行等方面的初步构建，各类型的服务提供者以国家下属的机构、组织等公共服务部门为主，为无障碍服务制定相关政策、行业标准，提供具体的服务内容。由于无障碍服务的特殊性，在收益平衡上仍面临较大挑战，使得部分无障碍服务在具体落实层面遇到较大挑战。随着对无障碍服务的逐步增多，无障碍相关机构也在寻求与商业机构的合作协同，如在出行领域，滴滴出行与盲人协会签署深度合作协定，对视障者的无障碍服务出行提供服务内容的支持，上线"无障碍专车"等服务内容。

在文化教育领域，中国盲文图书馆牵手阿里、浙江大学，发起"读光计划"。在无障碍视听服务上，中国盲文图书馆通过优酷依托技术积累和内容资源搭建无障碍影视内容网络视听平台，上线"无障碍剧场"，为视障朋友带来无障碍电影，共享我国文化事业发展成果。

在就业领域，2011年中国残联与人力资源招聘智联公司签署长期战略合作协议，联手打造残障者的网上就业平台。"残疾人求职招聘"专栏在中国残疾人大型门户网站、中国残疾人服务网和智联招聘网站上同步上线。通过此次合作，通过对残疾人才推荐，对企业残疾人岗位透明化的信息呈现，让更多残疾人实现就业，改善自身生活。

随着我国服务经济的整体转型，可预见的是未来将有更多的无障碍服务需要被构建及运营。在我国庞大的无障碍服务人群比例和需求面前，与政府下属的相关机构、部门、组织与商业机构的深度合作，协同探索将成为无障碍领域的发展趋势，相信在双方的协作下，对无障碍服务事业的构建、运营、完善、迭代将形成闭环，为残障人群生活水平、质量的提高带来福音。

二、服务需求的丰富与多元化

当前，消费升级成了市场趋势的热门议题，其背后折射出社会现有消费人群消费需求的变更。完成了从功能性需求的满足到情感性需求的产品的"升级"，而情感性需求更多诉诸服务。据知萌咨询机构研究发现，尽管现在有一些行业似乎都不太景气，一些类型的实体产品的消费在放缓，但是近几年，在精神消费、知识消费、健康消费以及智能化消费四个领域，消费者却增加了大量的投入。

精神消费，主要体现在休闲、旅游和体验的消费。知识消费，表现在人们愿意为知识和自我提升花钱。健康消费，今天"九〇后"都用上了保温杯泡上了枸杞，他们对于健康的关注不亚于"六〇后""七〇后"人群。智能化消费，科技对于消费者而言代表着时尚，所有的领域都在往智能化方向发展。

由此可见大众需求由于更多层次的消费动机不同，消费需求也更加复杂化与丰富化。另外在年轻人的服务消费市场，个性化消费也成为新的关键词。他们需要通过消费个性化的产品服务来寻求自我的定义和深度价值认同。面对主流服务消费市场的繁荣，辐射人群的范围目前尚集中在社会主流群体如健全人、年轻人，但随着我国普惠政策的深化，残障人士的生活水平近年也在逐步提高，残障用户的需求也正发生改变。在基础生活服务的保证下，残障人群的精神消费也应得到满足。

第二节 无障碍服务的现状

国内的无障碍服务起步较晚，目前仍处于由政府主导并运营的初期阶段。国外无障碍服务起步较早，除公益组织，地区政府、市场商业服务提供商也积极参与配合，如加拿大道明银行，不仅提供无障碍银行体验，还对该服务进行持续的改进，保持银行服务对残障者的畅通无阻。国外商业环境中对无障碍的重视和优先考量，使得残障人士生活方方面面得到更系统性和全面性的支持与保障。就个体而言，国内残障人士被认定为特殊人群，社会公众对他们的理解更多集中在"遗憾""可怜""缺少某种能力"等固有印象，导致部分针对无障碍的服务只停留于纯功能性的需求，而无法提供给残障人士长期的情感性价值。以美国著名社会心理学家、第三代心理学开创者亚伯拉罕·马斯洛提出的马斯洛需求层次分析，部分针对无障碍的服务只停留于生理安全的需求，而无法提供给残障人士长期的上层价值。

一、政府端服务现状

我国的无障碍建设逐步从环境设施建设向服务完善建设的递进。

（一）从国家到部门

我国各部门相继出台一系列指导性的规范和要求。2012年《无障碍环境建设条例》颁布实施，在该条例正式实施这几年中，政府各部门纷纷出台了各种细分政策标准，更精准地落实无障碍环境建设。

由住房城乡建设部修订的《无障碍设计规范》与《无障碍及适老建筑产品技术要求》国家标准；由交通运输部等七部委出台的《关于进一步加强和改善老年人残疾人出行服务的实施意见》；由住房城乡建设部、工业和信息化部、民政部、全国老龄办下发的《关于开展无障碍环境市县村镇创建工作的通知》；由工业和信息化部制定的《移动终端无障碍技术要求》《信息技术——互联网内容无障碍可访问性技术要求与测试方法》行业标准；由中国铁路总公司、北京铁路局下发的《关于进一步加强和提升无障碍设施建设和服务的通知》；由中国民航局制定的《残疾人航空运输评定》标准等，都是从国家政策层面出台的完善措施。

（二）从国家到地方

在国家政策和各部门标准推动下，各城市地区都在积极对道路、公共建筑、居住建筑和居住区等方面建立完整配套的服务设施，提供建设无障碍环境。它让残疾人、老年人等群体能够独立自主地生活、安全自由地出行以更平等地参与社会活动。同时在多个城市的商业中心、餐饮住宿、交通运输、金融服务、旅游景区、邮政电信营业厅、电商自提网点、政府服务店和医疗单位等服务场所都进行了无障碍环境的改进，包括无障碍盲道（图2-2-1）、无障碍电梯（图2-2-2）、无障碍洗手间（图2-2-3）、无障碍地铁标识（图2-2-4）、无障碍停车位（图2-2-5）等。与此同时也提供了特定的无障碍服务，如机场无障碍出行服务（图2-2-6）等。

图2-2-1　浙江杭州黄龙路地面盲道

图2-2-2　天津地铁6号线宜宾道站无障碍电梯

图2-2-3　长沙地铁4号线望月湖站无障碍洗手间

图 2-2-4
长沙地铁 4 号线望月湖站无障碍标识

图 2-2-5
三亚机场无障碍停车位

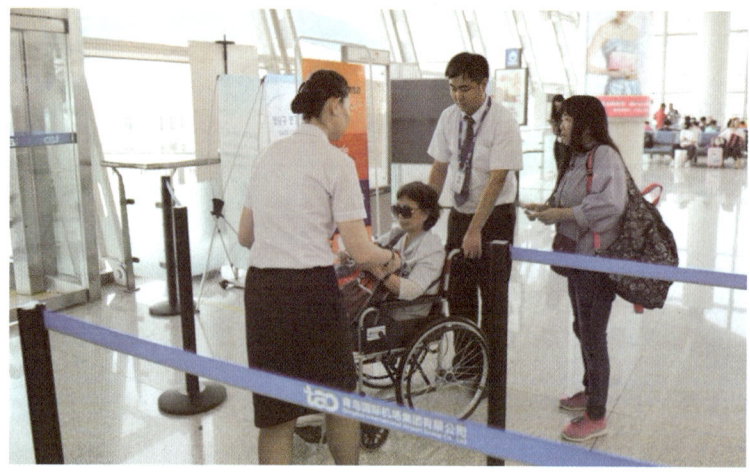

图 2-2-6
青岛机场无障碍地面服务

(三)从公共空间到个人空间

除了对公共空间和公共服务的无障碍化建设外,中国残联还将服务从公共空间深入到个人空间。2006年开始,北京残联首先开启了针对残障家庭的房屋无障碍化改造服务(图2-2-7)。到2020年,中国残联为超过12万残疾家庭带来了更好的居住体验,通过房屋的改造让残障人士有了更加便利、安全、舒适的居家生活空间。在其他地区,如辽宁省残联自2016年也积极组织省政府民心工程,扎实推进贫困残疾人家庭无障碍改造工作,通过对厨房的改造,让残障人士可以重归厨房为家人亲手烹饪,通过对卫生间的改造,让他们可以独立自主洗澡,通过对楼道坡道的改造,让他们能自由通行。这些改造设施细节都尽显对残障人士需求的人性化理解。

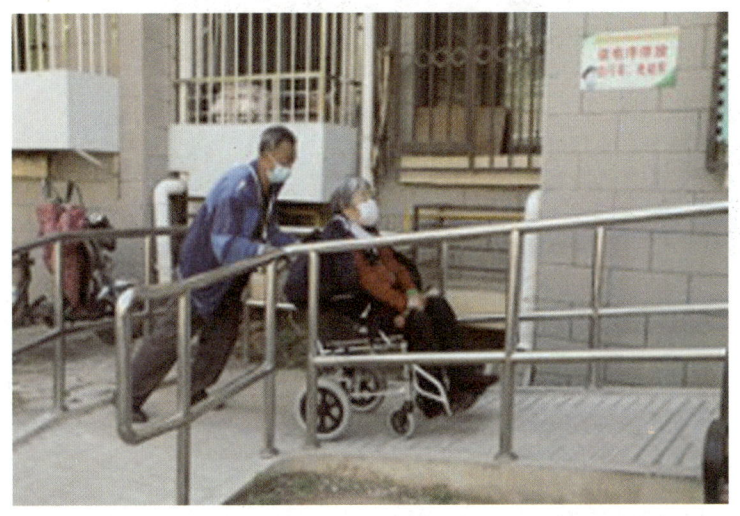

图2-2-7 北京市门头沟区潭柘寺镇潭柘新区社区6号院无障碍坡道改造

我国大中城市的房屋无障碍化改造服务已经推行。由于中国还是一个发展中国家,仍有部分地区处在贫困阶段,针对这些地区的扶贫支持工作是我国2020年的战略重点,《关于打赢脱贫攻坚战三年行动的指导意见》将"逐步推进农村贫困重度残疾人家庭无障碍改造"纳入其中,为进一步开展贫困重度残疾人家庭无障碍改造工作提供了保障,并将针对农村贫困重度残疾家庭的生活扶持列为亟须解决的核心任务。

（四）从基础服务到特有服务

饮食照料有时候会成为有重度残障家庭成员家庭的一大难题，可能导致照顾者无法工作，也可能导致残障者无法及时就餐。近几年，"助餐服务"概念也从老年人过渡到了残疾人群体，我国部分城市和地区也在积极推行（图2-2-8）。

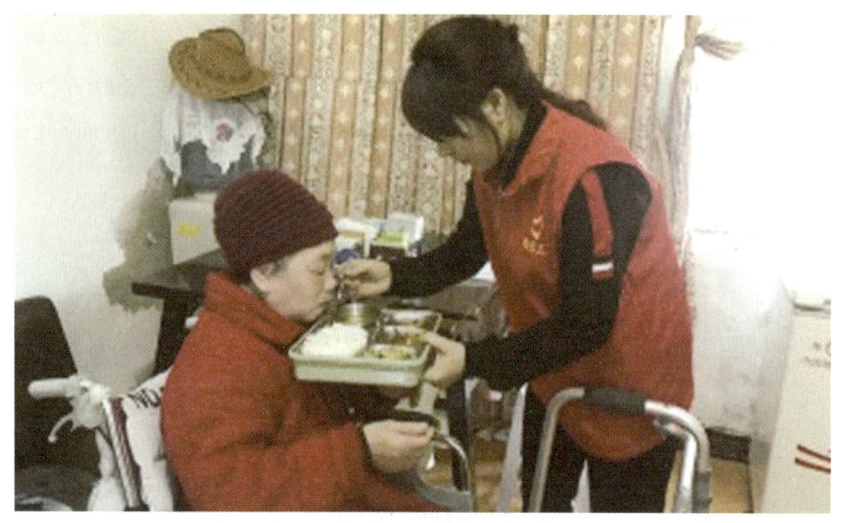

图2-2-8 浙江省温州市洞头区重度残疾人助餐服务

2018年11月30日政协民生实事协商座谈会上，广州市残联理事长陈学军提出，调研发现重度残疾人对助餐配餐服务需求较为集中：他们因自身的原因，有的行动不便，有的不具备完全民事行为能力，有的与社会沟通有障碍，亟待社会的关注和帮助。广州知名的"长者饭堂"助餐服务就始于此，并于2019年开始尝试为18—59周岁的重度残疾人群提供残障助餐服务，为残障家庭提供有力的生活保障。除此之外，浙江省温州市洞头区残联也针对饮食服务，尝试整合社会资源、爱心企业、助残社会组织、志愿者等，打造爱心助餐服务，设立爱心助餐点。他们的服务覆盖人群主要为空巢、独居等重度残疾人，用提供爱心配送的方式让残障人士的就餐问题得到及时的保障，提升了他们的幸福感。

（五）从日常生活到精神生活

除了关注残疾人日常生活的保障完善，国家也在关心残疾人的精神生活,积极推进文化事业的建设。《中华人民共和国公共文化服务保障法》和《"十三五"推进基本公共服务均等化规划》均载入残疾人文化服务项目,将残疾人文化事业纳入国家公共文化服务体系。由文化部、旅游部、中国残联三方联合举办多年的全国残疾人文化周活动,在全国残疾人群体中得到积极响应,据统计,2018年有超过120万残障人士参与到了文化周各类型活动中,反映出残障人士对精神类文化活动的旺盛需求,同时全国范围内各种残疾人艺术团体也在快速发展,同期,全国各类残疾人艺术团体已有283个,残疾人文化艺术从业人员近30万名。通过对残障人士精神生活的补助,也侧面为残障人士的就业空间提供更多可能性。

(六)待优化政府端服务方向

整体而言,我国对无障碍服务设施方面的建设已经在稳步推进并趋于成熟,部分无障碍服务已经达到国际领先水平,为残障人士生活出行提供极大便利,但也有部分服务的连续性较差导致用户使用体验割裂。

其中,2019年6月竣工的大兴机场的无障碍化相对完善(图2-2-9),是一个真正能实现"全程无障碍"的交通枢纽。航站楼前和停车楼行走距离路线较短的停车位为无障碍机动车停车位,特殊旅客下车后可通过盲道延伸进入到航站楼并抵达可提供免费全流程协助的机场问讯柜台。同时航站楼内设置特殊的低位无障碍柜台,覆盖多种服务功能如问询、值机、岛头服务、安

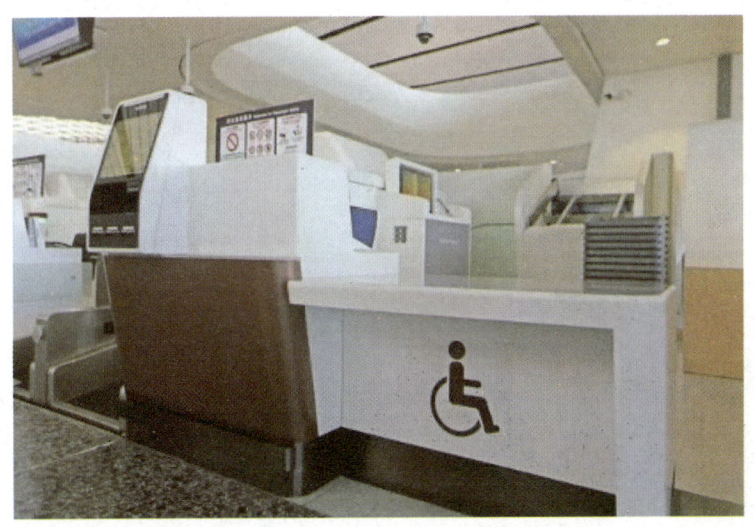

图2-2-9 北京大兴机场行动障碍人士专用值机柜台

检、商业服务等，提供有40—45厘米的容膝空间，让坐轮椅的旅客也能舒适地办理业务。大兴机场的行李托运设施对行动不便旅客也十分友好，280余台无高度差行李托运设施与地面持平。另外，为了方便特殊旅客顺利过检，各安检关口都设有无障碍通道，大楼内140余处自动扶梯、50余处自动步道和70余处电梯均在入口30厘米处设置等宽的提示盲道和语音提示，方便旅客提前做好心理准备。

楼内电梯创新采用带盲文按钮的护栏，只要握着护栏就能顺势找到按钮。此外，在候机区域，每个登机口配备爱心座椅，大部分卫生间旁都设有独立的无障碍卫生间，内部设有座便、低位水池、放物台、挂衣钩、低位烘手器等设施，并配备了安全扶手和紧急呼叫器，满足特殊旅客不同使用需求。此外，候机区内部分登机口沿途以及行李厅入口还设置有轮椅自助借用点位，方便旅客自取和退还。旅客登机桥采用防滑材料，并在两侧设置双排扶手，特殊旅客也能无忧登机。

同时大兴机场也提供了服务体验良好的无障碍服务。首先，特殊旅客可以通过致电预约无障碍服务，专车司机会前往住所等待乘客，并送其到大兴机场无障碍机动车停车位，后续会有工作人员全程陪同直至上机。另外针对独立出行的特殊旅客，大兴机场还推出"爱心手环"服务产品，特殊旅客群体可以在机场大使问讯柜台、各航司爱心服务及值机柜台、安检验证台等处领取手环，并凭此获得工作人员的主动帮扶和全流程绿色通道服务。

无障碍城际出行的另一个关键地点——高铁站，在无障碍服务体验方面也做了主动提升。我国铁路为做好铁路客站无障碍流线与市政交通无障碍设施连续、完整衔接，在高铁站无障碍设施（图2-2-10）中设置了供残疾旅客使用的专用售票处、候车室（区）、低位公用电

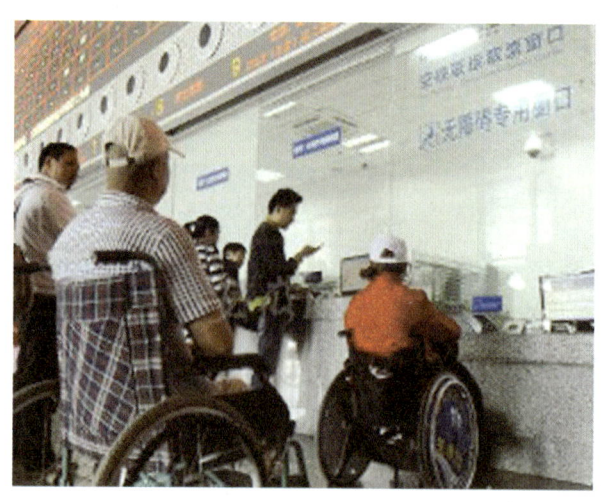

图 2-2-10　安徽省合肥高铁站无障碍窗口

话、轮椅、盲道，以及无障碍通道、电梯、厕所（厕位）等服务设施，满足行动障碍旅客购票、候车、进站、出站、行包托取的需求。并于2012年对无障碍建设升级到新高度，为每趟普通旅客列车固定存留一定数量的残疾人旅客专用票，将该位置设置在车厢中部，靠近餐车、卫生间和打水间，以便于残疾旅客出行中的衍生需求，这些从宏观到细节的设置都体现了铁路服务提供方对残障人需求的细致捕捉和宏观把握。

无障碍出行中的机场和高铁站属于较低频的公共出行设施目前体验良好，反之，需求更高频的地铁、公交，却成为难倒盲人及肢残人士的"心中痛"。虽然北京、上海等城市早期建成的地铁站近年来都做了相应无障碍改造，无法改建直梯的站点也在楼梯上增设了斜挂式轮椅升降平台。但随着地铁网络的延展，残疾人特别是轮椅人士越来越依赖这种交通工具。尽管地铁站的无障碍环境相对完善，但是仍然存在很多不足。城市区域的地铁铺设，城市布局和复杂的地质结构等因素对地铁建设构成一定约束，导致地铁站无障碍建设出现以下几种情况：无法建设直梯，只能采用斜挂式轮椅升降平台；只能将直梯直接通入站台，因而需要人工管理；直梯口的轮椅坡道没有足够空间延展使之达到规范的坡度；最主要也是最普遍的一个遗憾：由于工程技术问题，地铁底板和站台之间存在缝隙和高差，会导致轮椅人士上下地铁十分不便。这就让无障碍服务显得越发必要。

围绕交通系统的各个环节，传统无障碍设施建立了良好的基础，如公交、地铁的一系列辅助设施设备，停车场站的车位设置，汽车本身的无障碍化改造等，但由于目前城市人口与道路容量的严重矛盾，健全人出行也非常困难，加之公共交通系统线路和转乘衔接设置的不完善、空气污染等各种因素，使残障人群整体的出行受到了更多的制约，也影响了其出行的意愿，这就会反过来导致大量无障碍设施设备的闲置与荒废，又进而抑制了这方面的持续投入，造成了一种恶性循环的局面。因此，在智能城市的背景下，建立智能化交通系统可以为残障者的出行需求提供更多的可能性。

（七）智能城市背景下的无障碍设计研究

严格意义上讲，完美的无障碍状态应该是排除任何形式的人为辅助，实现残疾人自主、自助出行。但现实中存在很多约束条件，无障碍服务的作用就体现出来。实现地铁无障碍，设施与服务必须结合起来，一个不能少。对于残疾人而言服务整体的连贯性是非常重要的，任何一个关键节点无障碍化的不足都会给他们造成巨大的困难并成为影响他们下次出门的阻力。所以即便部分交通设施、商业场所已经进行了一定程度的无障碍改造，但服务节点中的不足都可能导致他们无法使用服务。在此背景下，对现有无障碍触点的整合提升服务的连续性应是接下来的工作重点。

要想实现无障碍触点和服务间的连贯性，各部门的协作是基础。目前国家各部门也在积极配合与推动中。

"中国残联推动无障碍环境建设政策制度落地，打破系统内各部门工作职能分散以及对外联系协调受限，以多元、整体、立体化推进无障碍工作机制的改革。借助无障碍环境建设的平台载体和撬动作用，对内整合资源、对外统筹效能，创造将无障碍环境建设融入社会基本公共服务和社会治理体系的特殊价值；提高各成员单位对无障碍环境建设意义的认识，明确分工责任，增强责任感、使命感；广泛动员社会力量、聚合部委优势资源、嫁接高校科研行业组织智力支撑，形成工作合力。目标是建成连接国家相关职能部委的重要平台和特色智库。积极发挥引领、整合、协调、督促的实效作用，在涉及国家形象的无障碍大事上积极牵头，组织力量，深入督办；在局部无障碍专项细节上注重引领，讲求实效，推进落地，初步形成各成员单位的合作机制，取得了诸多实绩"。——中国青年网

（八）潜在服务提升机会——数字化赋能

由于残疾人每个人的残障类型、程度、自身情况、生活状态不同，导致其诉求也都不一样。因此，如何在无障碍服务工作中提供一定的个性化也成了服务提供者需要考量的方向，以避免无障碍工作中的"一刀切"。我国目前互联网行业十分繁荣，对各行业的数字化赋能工作也在积极开展，如各政府部门正在集合大数据对城市市民交通出行等方面进行体验优化。目前北京市残联也对居家改造工作进行了"互联网+"的数字化赋能。

"居家改造工作采取'互联网+'服务管理模式，随时申请、及时响应、限时服务。实现服务对象网上申请、改造内容目录索引、服务机构招标入围、改造方案量身定制、服务机构自主选择、实施改造及时精准、入户验收评价、服务全程记录、可随时查询和接受监督的服务管理模式。"——《北京市居家环境无障碍改造服务管理暂行办法》

通过"互联网+"的服务模式，残障市民家庭未来可以通过北京市居家环境无障碍改造服务平台的手机客户端，根据自身具体需求，在平台中进行服务申请、评估、审批、购买等行为，实现"一键式"服务。既为残疾人提供自主选择权让他们的生活有"个性化适配"的可能性，又简化了服务内部的运行审批流程。不仅如此，该服务还赋予残障家庭对评估验收、产品和施工的服务评价权利，让残障人士可以对服务结果进行直观反馈，进一步突出了残障人士在服务中的主体角色。该无障碍服务通过与互联网技术的深度结合，深刻体现残疾人居家环境无障碍改造过程中的"以人为本""尊重个体"的人文关怀和"流程优化"的服务职能，是无障碍服务与互联网的优秀实践。

二、商业端无障碍服务现状

完善的文明无障碍社会需将无障碍的理念渗入社会各处。就整个无障碍体系而言，政府端应搭建无障碍的公共设施及社会舆论基调，而若要真正促成无障碍需求人士社会活动的全方位无障碍，作为直接社会接触最广泛触角的商业端作用不容小觑。

尽管随着各行业无障碍标准的制定，商业服务提供商也开始对自有服务进行无障碍化改造，但整体而言，目前各行业企业对无障碍建设的参与深度仍待加强，所提供服务类型缺乏，仅覆盖极少数目标用户生活消费场景的问题也待解决。

场景覆盖的广泛性上需要全社会的持久努力，但对企业而言，无障碍研发并不能直接带来显而易见的商业收入。在商业利益与社会公益之间，不少企业都会选择前者。但可喜的是，随着社会整体对无障碍的整体认知体征，一些无障碍意识上领先的行业及其中领先的商业组织，已经开始尝试承担更多社会责任，在日常的经营中，增加出于无障碍考量的创新流程及服务。其中旅游及互联网两个行业可以作为示例。

（一）互联网行业的无障碍——"互联网盲道"

互联网行业的领先性使其在社会生活多个层面都承担着"引领者"的角色，在无障碍领域亦如是。随着互联网逐渐进入成熟期，越来越多的互联网企业观念发生转变，看到无障碍建设中的社会价值，加之相关政策和资金的支持为企业开发无障碍产品解决后顾之忧，使得诸多企业加快步伐，跟进无障碍的产品设计。

互联网行业的无障碍设计和开发为我国无障碍产品的开发提供了路径指引，但由于当时我国并没有相应的现行制度，不少互联网公司虽然设计了无障碍产品，但在产品设计过程中却无法形成统一标准。互联网公司各行其道，导致各公司在研发过程中出现与用户需求脱节的问题，研发出的无障碍产品和服务水平参差不齐，以至于消费者购买产品与需求不符，变相增加了购买成本。

"互联网盲道"国标应运而生。2020年3月1日起，我国"互联网盲道"的第一个国家标准《信息技术互联网内容无障碍可访问性技术要求与测试方法》正式实施，这无疑是对网络盲道建设的巨大帮助。一方面，它有利于避免互联网公司各行其道，在研发过程中出现与视障用户需求脱节的问题；另一方面，也有助于规范相关研发流程，为信息无障碍工程师提供路径指引。

1. 互联网硬件"盲道"

衣食住行需求的线上化已成为必然趋势。相较于普通人，残障人士对电子产品，无论是电子设备还是智能可佩带产品，整体依赖度都更高。与此同时，我国开始逐步进入老龄化社会，老年人对于电子产品有其特殊需求也是相关行业企业不得不思考的问题，无障碍电子设备对于整个社会正变得越来越重要。

我们用互联网硬件"盲道"指代能够帮助各类特殊需求人群（包括但不限于视障人群）的电子设备，任何能够帮助残障人士、老人、孕妇、母婴和临时性身体障碍者更不受阻碍地使用电子设备参与社会活动的产品都可以被视为搭设了一条无障碍的"盲道"。

海外有很多公司致力于研发残疾人可佩带的智能装备。比如由斯蒂芬·莱克（Stephen Lake）、阿伦·格兰特（Aaron Grant）以及机械工程师马修·贝利（Matthew Bailey）共同在加拿大成立的"Thalmic Labs"，该公司专门致力于研发残疾人可佩带智能装备。该公司的主要研发领域是针对残疾人的人机交互设备的研发。

该公司成立于2012年，第二年就成功研发出了第一款产品，并将该产品命名为"MYO"（图2-2-11）。这是一种能够让用户在用手势操作的情况下进行操控命令的新型人机交互设备，它主要根据人们在使用不同手势过程中出现的不同生物电进行匹配工作，并将匹配的结果通过网络回传给系统，系统对该生物电信息进行读取，最终完成对命令的操控。该设备的使用非常简单，用户只需要将其像手套一样戴在手上即可。MYO 经过不断的更新升级，现在它已经能够分辨出超过 20 种人类的手势语言。利用这种设备，用户能够隔空对手机或者平板等数码设备进行操控。同时 MYO 具备对干扰项的屏蔽功能，所以能够更精准地识别用户手势。目前 MYO 的反应速度非常快，只要用户动动肌肉，系统就能从记忆模式中分辨出用户想要进行的操作。所以该产品非常适合断臂或者瘫痪病人，只要通过细微的肌肉动态，他们就能完成各类型的操作。

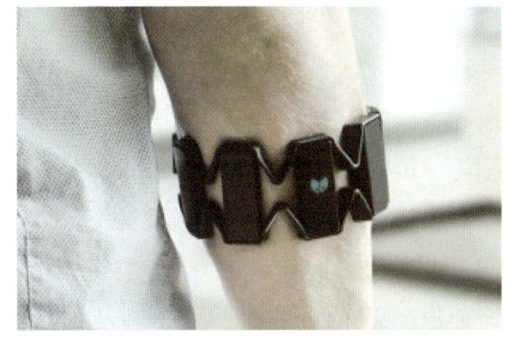

图 2-2-11 "Thalmic Labs" 手势控制臂环 MYO

微软是全球最大的软件制造商之一，该制造商近期也针对残疾人推出了一款头戴式耳机 seeing ai。该产品率先在英国进行测试，并取得了不错的成绩。这是一款旨在服务盲人群体和弱视群体的数码设备，通过 3D 音景谷传导技术有效分辨周围的环境和建筑物，同时系统将获得的信息反馈到耳机中，并通过语音为残疾人进行导航。除此之外，微软还推出了一款同样用于残疾人群体的腕带。这种腕带同样能够通过接收周围城市建筑的信息而对用户产生定位和导航的功能。目前，这款名为 Alice band 的盲人专用腕带，已经在英国地区广泛开展了测试活动，并且取得了良好的测试效果，包括英女王在内的测试者，都对其能够提供的服务和帮助赞不绝口。

2. 互联网软件"盲道"

对于我国 1700 万视力障碍者而言，日常生活中两个最大的困难就是出行和信息获取。信息的无障碍阅读，是服务于盲人群体的重要机制，而针对盲人群体，语音类的在线购物、订餐等服务亦是急需。针对此类需求，诸多相关行业互联网软件公司都尝试在自身服务的基础上进行无障碍化改良，共同搭建互联网软件"盲道"。

以 2019 年美团大众点评在上海启动的"无障碍服务三年行动计划"公益项目为例，该公益项目计划在未来三年开展城市无障碍服务大数据采集和推广宣传工作，先期工作在上海、北京、杭州三地开展，美团大众点评希望能够让残疾人从家中走出，真正被社会接纳，并且满足残疾人在饮食、文体娱乐等方面的需求，帮助残障人士"吃得更好，生活更好"，并促进社会包容、平等、可持续发展。

项目计划在未来三年，逐步完善以上海、北京、杭州三地为主的无障碍服务POI（Point Of Interest）信息。具体来说，首先，该计划将采集包括无障碍通道、无障碍台阶、无障碍电梯、无障碍卫生间等无障碍设备数据，以及包含上述无障碍设施并可以为残障人士提供服务的餐厅、商场、酒店、影院等生活服务业商户POI，为残障人士提供服务的机构、组织等办公场所POI等在内的数据；其次，在以上POI数据采集到一定数量时，将参考国际通行的无障碍标准，发布"无障碍餐厅"榜单，推动餐厅商户无障碍环境改造和餐饮业无障碍设施标准的建立；并且，在条件成熟时，将榜单范围扩大到其他无障碍服务，如无障碍商场、无障碍影院、无障碍运动场馆等；最终，形成以上海、北京、杭州三地为主的无障碍服务报告，汇聚一批热心无障碍服务行动以及为残障人士提供服务的志愿商户和特色商户。在美团大众点评无障碍公益项目的"无障碍数据采集"实施中，还计划邀请一部分残障人士作为无障碍数据采集员，当他们提交的POI信息通过审核后，即可获得相应报酬。

作为整体公益计划的一部分，在第35个国际盲人节，美团外卖"同时上线了无障碍外卖"功能（图2-2-12），让盲人群体也能享受其他群体通过简单操作享用上门食物。通过说几句简单指令如"附近有什么好吃的？""我想吃肯德基""上次点的牛肉面再来一单"，盲人群体就能轻松点上一份外卖，享用上门美食。打开美团APP中的"无障碍外卖"功能可以看到，屏幕最下方是"按住说话"按钮，界面上方

图2-2-12
美团外卖无障碍版本商家页

则整齐排列着"再念一遍""更改地址""查看购物车""重新开始"等8个常用按钮。页面中心的美食介绍从常见的列表变成了单个展示的大卡片，下方分别有"好的"和"换一个"两个按钮。并且为了让盲人群体熟悉界面，卡片和按钮的位置完全固定，也不会出现任何广告弹窗，在看上去非常简洁的页面上，只要触摸屏幕的相应区域中商家名称、菜品名称、距离、起送价、月销量等关键信息就会一个不落地播报出来。美团大众点评针对残疾人及时而有效的服务一定程度地体现了互联网"盲道"对有无障碍需求的人群社会生活所产生的影响是不可估量的。随着科技发展日新月异，互联网"盲道"的建设任重而道远，希望科技的进步能让网络盲道越来越畅通，助力无障碍理念在社会层面的落实。

（二）旅游行业无障碍——残疾人的"说走就走"

对残障人士来说，旅游是件奢侈的事情。尽管法律规定我国残疾人享受一切普通公民享有的权利，包括休假权、个人旅游信息保护权、旅游知情权、旅游方式选择权、旅游服务平等享有权、旅游自由权、求助权和求救权等旅游权。

但从现实角度而言，残疾人"说走就走"的旅行仍是一件奢侈的事情，而造成这种阻碍的主要原因就是无障碍设施、服务及社会关注的欠缺。

第一，在设施层面。我国各类型旅游场景中的无障碍设备均亟须建设完善，甚至有些地方都无法满足残障人士对基本设施和无障碍信息分类的需求。目前无障碍设备在我国仅有40%普及率，这种程度的普及率明显过低。以酒店为例，国内普通酒店无障碍设施并无规范和标准，只有五星级酒店为残疾人入住专设了无障碍设备，然而即使价格并不亲民的五星级酒店，无障碍设备提供的也不多。想要达到无障碍设备的全方位普及，需要社会有关力量的大量投入及依法管控。目前，在相关法律法规的制定的条件下已经有管理无障碍设备的例子，比如山东省内没有标识的无障碍设备就可以对其进行依法罚款。但从商业端而言，各方跟进的积极性暂时并未被完全调动。

第二，在服务层面。针对障碍人士旅游相关的无障碍服务力度仍需加强。尽管社会上针对残疾人旅游项目的试验在广泛开展，如首个颁布于杭州的"残疾人旅游标准"，商业端在某些地区也已经出现了无障碍旅行社。但实际操作层面仍属"特色产品"的模式，对残障人士的关怀仍以"区别对待"

为主，并未体现出"无障碍"本身社会活动融合和共赢的基本理念。

第三，在社会关注层面。社会对于无障碍旅游的关注与理解仍有不足，社会共识并未将无障碍纳入道德价值观念，"社会模式"的观念仍未普及，对残障人士尊重和理解不足，或仍有"施以援手""帮助残疾人"的落后理念。市场所需求的，具有无障碍服务能力的专业性人才明显不足，在旅游相关专业教学过程中，涉及残障人士旅游服务的比重明显过低。

出于以上三种原因，在整个旅游行业，残障人士尚未能够获得正确的理解和尊重，全社会无障碍意识仍有待提高。

在此背景之下，在无障碍方面积极探索的社会商业组织所做出调整尝试就显得弥足珍贵。携程在 2019 年 6 月推出的"无障碍旅游计划"，就是值得关注的典型案例。

针对我国保守估计 8500 万的残障人士、2.5 亿 60 岁以上的老年人及约 1 亿以下的 6 岁幼儿，携程推出了"无障碍旅游计划"。这个计划的目标是"让旅游无障碍"，该计划旨在帮助残障人群圆他们的旅游梦。

对于行动不便的老年人、需要照顾的残障人士和儿童，携程制定了一整套服务规划。首先实施于当地向导平台，并计划实施覆盖国内几十个热门旅游城市（其中上海、北京、重庆、成都、呼伦贝尔、西安、广州、武汉等地服务项目最多）。不止于此，此项计划为覆盖全球范围，当地向导产品也已经上线了"无障碍旅游"相关的服务功能，包括配备轮椅等专属服务，共计覆盖老年人、残障人士的服务产品近 6000 个。

从携程当地向导主页可以看到，诸多当地向导的产品详情（图 2-2-13）提供了商务车、轮椅、医药箱、氧气瓶、饮用水、靠枕、小毯子、雨具、充电宝等无障碍硬件设施，同时提供 24 小时接机、24 小时免费等待、全程陪游讲解、推轮椅照顾等服务。平台还上线了"私人定制"入口，根据客人的需求和个人情况来制定服务体

图 2-2-13
携程当地向导服务详情页

验计划，如为行动不便的客人提供特殊安排、为年迈的父母拍一次婚纱照等服务。

截至目前，携程平台上有全球 10000 名可提供无障碍服务的当地向导，他们可在目的地量身定制规划行程，提供接送+陪游+包车+体验+美食的一站式服务。以行动不便的老年人或残障人士为例，他们可以享受从下飞机后的接机到入住酒店到景点游玩再到"私人管家式"的护理服务，真切感受"无障碍"旅游的周到之处。

未来，希望更多社会企业及组织关注到，无障碍旅游的服务和受益人群不仅仅是残障人士，也包括老人、孕妇、母婴和临时性身体障碍者，应该给予足够重视。无障碍的旅游体验全社会动员起来，需要更多具有社会价值贡献意识的商业企业通过基础设备的建设和道德观念的梳理，逐步使得无障碍目标人群充分享受到旅游的快乐，让旅游无障碍成为一种常态。

总的来说，对无障碍设施与服务的打造和不断优化既是对他们生存权利的尊重，也是社会公平的践行。

三、用户服务感知现状

（一）服务类型缺乏

随着消费经济增长的趋势，无障碍人群的生活场景丰富度和需求多样性都在日益递增。然而，目前针对无障碍人群，特别是残障群体的服务却没法完全满足残障人士的需求，现存服务相对于他们的需求来说类型较为单一，实际运营效果也与预期有较大差距。

1. 基础服务类型不全

对无障碍人群提供的服务应该是多元化的，下列十二种服务类型应作为基础服务加以重点建设。分别是：医疗康复，预防鉴定，残疾人的就业和职业康复，残疾人教育，住宿问题，社区关爱，社会自助机构，残疾人专用交通通道，残疾人专用通信设备，文艺活动，公众教育，学前训练等。

遗憾的是，目前我国只有发达省市在残疾人社会服务方面的全面性上较为完善，在次发达地区和发展相对滞后区域，服务类型仍十分匮乏，服务内容部分空白，使得在不同区域生活的国民在无障碍服务体验上差距明显。在住宿服务上，目前各省市的酒店、宾馆、民宿均有不同程度的无障碍设施匮乏问题，导致残障用户无法顺利入住。只有在全国范围内完善上述服务类型的内容，我国才能改变无障碍基础公共设备较为薄弱的现状，才能够让各地区的残障人士被平等对待，满足生活需求，共同享受社会文明建设成果。

2. 人性服务严重缺乏

1993年颁布的《中华人民共和国残疾人保障法》中明确指出，残疾人和普通人一样，拥有行使自我人格的权利。在一个秩序良好，发展健全的社会中，应保证每个人都能维护自身的尊严，并且在社会中实现自我价值。因此，除了针对人的基本需求，有关残疾人人性的关爱内容也需要引起思考，只有对残疾人人性的思考真正做到公平有效，社会的人文属性才能被显现出来。

然而现实不容乐观，2006年针对上海市残疾人社会活动和参与状况进行的第二次抽样调查对残疾人需求层级进行了详细的讨论，并深入研究了目标对象归纳出以下六项内容：第一，交流；第二，移动；第三，自理行为；第四，社交；第五，社会参与度；第六，生活范畴等内容。研究结果发现，在交流、移动、生活自理以及与人相处三方面，超过半数劳动适龄残疾人表示自己遭到阻碍。在社交结构以及生活行为的相关内容方面，表示遭到轻度阻碍的研究对象达70%以上，受到极重度障碍也占有相当高的比例。这说明，劳动适龄残疾人虽然有意愿要参与和适当融入社会环境的愿望，但由于目前无障碍服务在人性服务方面的局限性，使之无法帮助残疾人减轻社会对他们的排斥，这直接导致了残疾人群社会生活质量的降低。比如盲人群体，由于自身无法看到事物而会产生自卑的情绪，如果没有正确的服务和引导，那么这种情绪就会被继续放大，造成更多伤害。

除基本的社会层面的尊重和理解之外，和正常人一样，残疾人也有对性的需求心理。尽管法规中明确对残疾人的两性关系和家庭伦理关系上也进行了批示，表示残疾人不应该在此类关系中受到歧视待遇，但两性关系和家庭伦理关系相关的服务在我国仍是极度缺乏的空白状态。

残疾人在自我认知方面经常存有自卑感，所以对两性关系也往往十分困惑，身体受过损伤的残疾人通常存在着严重的对自己身体的自我否定。很多女性残疾者往往表现得更加自卑，这是由于残疾人对自我认知困惑所造成的自卑感。多数残疾人由于缺少了正常的教育学习，所以没有很高的学历，从而缺乏和人沟通的能力。所以在两性关系方面缺乏性技巧，也不具备正常的性知识。很多残疾人不敢和异性接触，即便是有了异性伴侣的残疾人，也往往很不自信，怕给对方造成负担、怕对方家人反对、害怕后代遗传疾病等。通过调查机构的数据显示，多数残疾人无法获取到满意的性体验，而该类数据在重度残疾人患者中占的比例更多。性欲望的压抑不仅会成为追求幸福生活的障碍，常常也会影响同他人的正常交往。目前社会中性陪护公益服务还在摸索阶段，这让残疾人对性渴望的重建有了希望。该种公益服务除了能够满足残疾人正常的性需求之外，还能够重建残疾人早已丧失的性自信。目前有性陪护需求的基本上都是男性残疾者，女性残疾者所占比例不高。这是由于长久以来的传统教育，就连普通女性对自身的性需求都有所压抑，对自我认知困难的女性残疾群体也就更是如此了。但不论怎么说，女性残疾者也有着自己的性需求。近年来，随着时代的进步，人们对性的渴望以及要求开始向好的方向转变。

而真正造成残疾人两性关系困难的因素还是来自于目前社会群体对残疾人的歧视心理。这也导致了多数残疾人无法在常规的途径中掌握相关的技巧，很难了解复杂的社会环境，不懂何时、何地和谁可以进行合适的性行为，因为缺乏完整的性教育，使得不合时宜的性行为不断出现。

性行为除了能够进行种族繁衍之外，还是伴侣之间体现亲密关系的私密行为。普通人拥有异性伴侣，能够在合适的环境和时间下进行常规的性行为活动，这对于成年人培养出自身良好的心理以及健康的情绪调整能力都有着促进作用。性行为是一种能够体现两性关系、亲密程度、自身情感实现以及自我愉悦等多种需求的行为模式，所以，性满足方式不只是传统一般性活动可达成，残疾人的替代性活动也可达成。没有异性配偶的残疾人可以通过常规的性行为体验、用亲吻、触摸异性、隐私部位接触等非直接性行为的方式完成性满足。而拥有异性配偶的残疾人，如果自身不具备行使性行为活动的条件，还能够用特殊设备加以辅助。针对没有异性配偶但是有性需求的残疾人，很多国家还提供了包括前文提到的"性陪护""性治疗师"等服务。

有研究发现，有1/3到3/4的残疾人曾与他人发生过性关系。在性欲望里，无论是正常人还是残疾人都对完美的酮体有需求，多数残疾人是拒绝和其他残疾人发生性行为的。同时也需要强化残疾人的性行为心理和教育。目前多数残疾人缺少正常的性理念,而残疾人对性的需求也没有被社会大众群体认知,这方面的引导需要政府方面进行协调完成。针对残疾人的教育机构应该加入如何进行性行为或者如何进行自慰的指导课程,课程应包括相关的情境解说、案例说明、场景模拟等,这样才能够增强残疾人对性知识的正确观念,同时也为日后青少年残疾人在性成熟后形成较为正常的性需求心理做准备。社会需要强化对残疾人性需求的正确认知,而让社会民众了解这也是残疾人的基本生存需求之一。

(二)服务覆盖范围有限

1. 地域覆盖范围有限

有限范围的无障碍服务会影响残障人群社会生活质量与社会交流,无障碍设施建设对提高残疾人出行能力、残疾人就业率、残疾人机动性有很大的帮助,但是目前我国无障碍设施环境建设覆盖范围有限,需进行改进。如我国多数城市内都配置了盲道等残疾人专用的通道,然而在城市城乡结合区域或者农村地区却没有进行此类设备的搭建工作。根据《2017年百城无障碍设施调查体验报告》(图2-2-14)显示,无障碍设施实地普及率仅为40.6%,覆盖范围十分有限。可推断在其他小城市、县、镇、乡、村的普及率更低,发展落后明显。

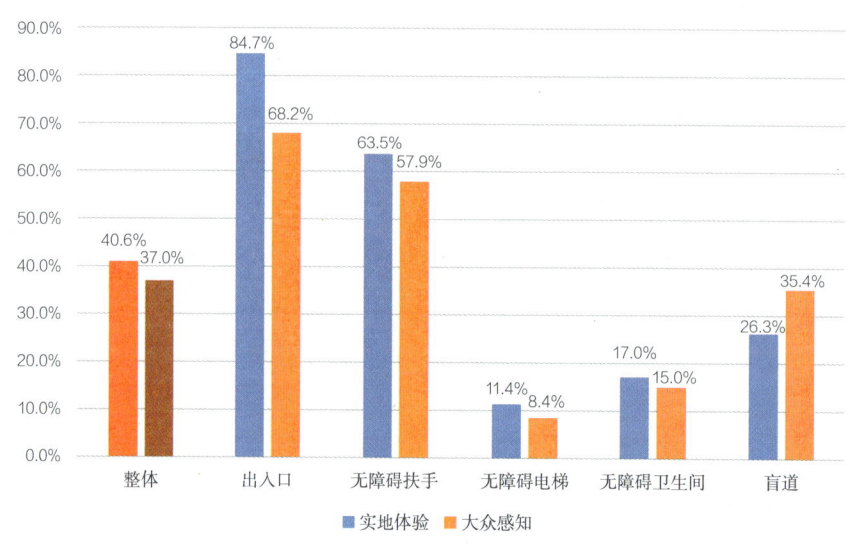

图 2-2-14　百城无障碍设施普及率明细图

在教育方面，学校、幼儿园等教育服务中心的无障碍设施建设上，地域发展的不平衡、不充分问题也较为显著。2017年全国残疾人基本服务状况与需求信息显示，在低位服务台的建设上，部分城镇为62.72%，农村为47.84%，且城乡差距较大。在无障碍厕所或厕位的建设上，城镇仅为34.88%，农村仅为24.74%，整体表现较差。在出入口平整或坡道的建设上，表现稍有提升，城镇达到82.25%，农村为75.66%。教育服务中心无障碍设施应是允许残障者进入教育的保障和桥梁，但在目前设施建设不平衡、不普及的特点下，却成为残障者进入校园，获取知识的阻力。

另外在《关于北京市建设高水平无障碍公共环境的提案》中显示，北京市残疾人联合会于2017年对北京市范围内325家各级别宾馆进行无障碍体验，其中三分之二的宾馆在无障碍设施建设方面存在问题。

在公共服务网站无障碍的建设中也可见地域间的发展差距。2019年中国无障碍环境发展报告显示，我国省级政府网站无障碍服务能力中，排名第一的北京为89.92分，80分以上的2—6名分别为：新疆（88.59）、青海（88.54）、海南（88.36）、上海（86.88）、贵州（86.74）。各省、县、区以上政府门户网站进行无障碍建设指数，排名第一位的上海，达到了100%程度，意味着在上海的所有区以上的门户网站均进行无障碍建设，残障用户可以无障碍使用。与之相反的是在我国部分城市的无障碍网站建设水平发展落后明显，如排名倒数第一的重庆，在服务能力上仅为24.42分，辽宁也仅为24.6分。可见在我国部分地区，由于政务信息无障碍建设相对滞后，特殊群体获取公共服务信息、政务信息仍面临较大阻力。

2. 人群类型覆盖有限

目前公共社会环境领域配置的多数无障碍设备基本都倾向于肢体残缺和盲人群体，针对其他类型残疾人的设备还需继续完善改进。

多数社会公共设备残疾人专用设施配置不够全面，设备缺失或引导性标志不够简明。公共设备设计者在城市规划和设计道路时没有全面考量各类残障人士真实需求，导致无障碍设备在社会公共环境中不够完善。不同类型的残疾人群对出行要求不尽相同，全国公共出行无障碍服务难以保障出行路线的完整服务与不同类型残疾人相应的不同服务要求。

在未来的发展过程中，应该全方位地考虑不同类型的残疾人群体需求，进而升级和调整目前的无障碍设备。比如在"行"的方面，一定要对所有类型的残疾人考虑周全，强化残疾人在不同场景的使用问题。同时制定严格的检查管理机制，对所有残疾人使用的无障碍设备，比如盲道、安全装置、引导性标志等内容加以管理。对于特殊设备，比如消防灭火设备、医疗急救设备、匪警火警等紧急设备增加文字类或者语音类的相关说明，以应对不同残疾人的需求。

真正意义上的无障碍服务需涉及一切与人有关，且是每个人作为单独个体参与到任何环境的过程。目前，我国基础无障碍服务现况存在无障碍设施不规范、连续性不强的情况。全社会无障碍设施及服务呈点状分布状态，与社会整体环境格格不入且存在断层，无法被真正有效利用。

随着社会群体对残疾人关注度的提升，社会公共领域的基础设备也在加以完善，除了提升设备的实用程度之外，还需要增加场景的适用性，让城市和乡村中的无障碍设备由现在的"点"逐渐扩大成"面"，让越来越多的残疾人在更丰富的社会活动中能够享受到社会进步带来的好处。

（三）服务接触渠道落差

当代，互联网成为人们接受信息、了解服务的主要渠道，而互联网的定义就是能够让所有人尽可能地在网络上体会到科技发展带来的便捷，任何人都能无限制地进行应用。

尽管万维网无障碍国际标准 WCAG2.0 规定了四项无障碍访问原则，包括：可感知性：网站上的信息或服务以人们所需的任何形式提供给用户，如为盲人描述图像的替代文本（alttext）；可操作性：用户可使用网站所有功能，如按键足够大，可用鼠标操作；可理解性：用户可理解、使用信息，如指令简单明了；稳定性：网站可兼容一系列不同设备和不同辅助技术，如盲人使用的读屏器。以保障残障人士信息接收的平等性，但在实际生活当中，相对于普通群体，无障碍目标群体在服务接触的渠道上仍存在落差。

1.传达方式落差

无障碍服务的目标人群所接触的信息内容仍旧缺乏平等性与及时性，目标人群，特别是残障人群缺乏渠道了解自己本可享有的服务。

人类社会已进入信息时代，信息通信技术在一定程度上带来了城乡之间、不同区域之间、不同民族、不同年龄段人群之间分享信息和使用信息的能力的差距。残疾人在信息的获取和使用上存在着很多的障碍，时刻面临着被信息社会边缘化的危险。残疾人获取信息的路径较窄甚至不能及时获知信息，这使得残疾人明显处于获取信息中比较不利的地位。以就业为例，用人单位联系当地残联并要求残联为其推荐残疾人，但由于大多数残疾人待在家中等待通知，无法及时有效地获知这些信息，因此在用人单位的需求和残疾人的供给之间就出现了信息不对等的现象。信息不对等造成了用人单位和残疾人双方的利益失衡，影响劳动力市场配置资源的效率。

在过去二十年中，网站及移动互联网已成为最重要的沟通形式之一，提供了前所未有的接受教育和就业机会，人们可以通过浏览新闻、访问社交媒体等方式获取教育的知识和就业的信息。公共部门网站越来越多地向公众提供重要的信息和服务。许多残疾人虽然有互联网连接和互联网功能设备，但却无法阅读网站内容、使用 Web 服务或进行交互。而且世界各地的许多网站在设计的过程中，仅仅是习惯性地考虑到正常人的使用功能，并没有针对残疾人做出特殊性的处理。

腾讯酷鹅研究员通过对视障者 1200 份问卷收集及 6 位视障用户的深度访谈，与信息无障碍研究会联合发布了《视障网民移动资讯行为洞察报告》，报告中对视障用户使用场景进行探寻，发现在数字化服务中聊天是首要需求为 91%，其次为社交 79%，购物 78%。报告中对服务需求与中国网民总体数据进行比对，发现视障者在移动互联网上对于社交聊天购物等服务诉求高于网民总体。

对于社交软件的问卷收集中产品主功能无障碍情况、整体流畅性、无障碍特色功能等方面的评价，榜单显示其中排名前三的均为腾讯旗下的社交聊天产品，依次为 TIM、QQ 以及微信。TIM 的高评分得益于其功能简介，操作简介的特性，让视障者在使用上相对便捷。从榜单整体来看，排名靠前的均为私人社交平台，公共社交平台表现差距明显。原因之一就是在公共平台中信息类型更为复杂，图片信息、视频信息、表情信息更加丰富，导致读屏类软件如 VoiceOver 无法识别。另外在调研的产品中也有部分不同程度存在的共性问题，如无法完成拼图验证码、文字标签缺失或不规范、读屏兼容差。上述问题背后原因主要因为在开发流程中，少有把无障碍需求纳入其中，并且在长期的迭代运营中也未纳入可用性测试流程。

线上购物作为现代人生活购物的主要手段，也成为视障者代替线下购物的主要方式，线上购物不仅带来了更优的性价比，同时也减少了出行不便利的阻力。在中央美术学院面向视障及老年群体的无障碍设计研究课题与2021年与盲文图书馆的研究合作中，对视障者购物用户进行深度访谈，发现现阶段视障者对购物类数字服务的需求较高，视障者会通过互联网进行商品的搜索、比较、选择、下单等一系列购物旅程，然而同时也发现虽然目前购物平台较多，但在无障碍程度上仍无法保证视障者无缝的购物体验，过程中仍免不了对他人的求助，部分内容的无法识别也对视障者独立购物造成较大困扰。

　　由信息无障碍产品联盟（CAPA）组织发布的"可及"互联网产品信息无障碍排行榜中（表2-2-1），对用户关注度最高的十个购物类数字化产品进行评测。从总体评分来看，仍然与"体验满意"的评价差距较大，得分最高的淘宝仅为71.02，而"及格"60分以上的购物APP仅有手机淘宝、天猫、小红书和网易考拉。如此的评分表现影射出此类APP仍有较大的无障碍访问问题。其中淘宝的母公司阿里一直在投入无障碍产品与服务的迭代，对APP进行不断优化。但在中央美术学院课题中发现，即使淘宝对视障者的信息获取性上仍较差，首先体现在弹窗中。淘宝营销活动十分丰富，各种购物节日层出不穷，但随之而来的是在主页面中设置大量不定期弹窗图片，而弹窗目前并没有进行无障碍优化，导致视障用户无法识别弹窗功用和内容，给他们的使用体验带来了较大不便，也使得他们感到被活动优惠"拒之门外"，失去享受优惠福利的购物机会。另外在产品信息介绍中，由于图片带来的视觉效果更佳，更吸引眼球，能够更有效地促进购买，因此商家的产品介绍采用了大量图片信息，目前的读屏类软件无法对该类图片进行准确的解读和捕捉，常导致视障用户理解错误或无法理解，造成对商品信息获取困难，常需要求助他人，而无法真正满足独立购物的诉求。对于主流购物平台来说，如何对商品描述进行优化和如何对不定期的活动信息进行无障碍化迭代是迫切需要解决的课题之一。在客户服务环节，对于颜色的询问或图片信息的协助转译，视障者们也表现"无法开口"，不知如何发起客服求助，害怕被另眼相待。所以相较于明眼人客服，他们更期望求助于客服机器人或视障者客服。另外，课题访谈中也发现视障群体对拼多多的使用情况十分活跃，拼多多的拼团砍价模式受到视障群体的广泛关注，首先原因是在于优惠，残障群体的生活收入低于正常人群体，对优惠信息的敏感程度更高。从拼多多的受欢迎和淘宝的使用反馈可见，商品描述和优惠信息的获取，是视障用户最关注的两大问题，解决此类需求才能为视障者们提供更完整的购物体验，也让线上购物实现平等和友好。

表 2-2-1　互联网产品信息无障碍软件评分明细

TIM	QQ	微信	QQ空间	新浪微博	豆瓣	百度贴吧	YY	知乎	陌陌
84.7	82.91	73.58	69.44	65.76	65.48	62.17	60.18	59.48	57.79

目前我国信息无障碍研究会组织一群无障碍 IT 领域专家团队，为互联网公司提供专业信息无障碍测试、咨询、优化服务，帮助实现信息无障碍在互联网公司执行层面的可行性。未来在多方的协力合作下，互联网产品及服务实现无障碍建设和优化将成为行业共识。

2. 辅助内容落差

市场上缺乏激发无障碍需求人士社会参与主动性的内容产品及创新化的辅助内容产品的发展。残障人士信息需求在于如何获取信息、交流、参与休闲活动以及进行环境控制。尽管我国针对特殊群体，特别是残疾人无障碍使用互联网全新功能网络系统都在紧锣密鼓的研发当中，但因起步较晚，各项传达内容仍待完善。

政务辅助内容而言，目前我国将线上政府门户网站与线下社区信息服务体系作为信息传达的两大主要举措。政府网站是连接社会群体和政府部门的重要渠道，所以政府网站能否方便残疾人无障碍使用，也是政府是否对残疾人的关心做到真正落实的表现。目前我国多数政府部门的网站已经开展了针对残疾人的无障碍使用功能的调整，虽然残疾人在浏览此类网站能够便捷地使用，但是此类网站的数量还是过于稀少，更没有详细具体的无障碍建设标准方案。政府网站信息无障碍建设针对特殊人群范围较窄，由于功能目前并不完善，所以就算增加了无障碍使用网站，其使用条件和使用范围也是极为有限的，残疾人无法坚持长久使用。

完善信息无障碍服务的政府信息网站，能够体现出我国政府对于残疾人的关注程度。在今后的网站设计中，应该在网站设计流程中就将无障碍使用的功能纳入考虑范围，以此提升开发无障碍网站的技术经验。在此基础上，对于常用网站或者常规硬件的制造企业，政府也应该鼓励它们开展针对无障碍内容的研发工作，只有这样才能让残疾人得到其应有的网站信息访问权益，获取更多的网络信息，从而融入社会之中。

较发达国家中，残疾人节目总份额不到 1%。这一比例在新闻节目中却略高，因为一些资讯节目被正常人翻译成了手语来展示，但这些节目每天的播出时间仅有几分钟。几乎在所有国家，都没有针对残疾儿童的电视节目。这种现象需要电视/视频节目所有业内人士，包括电视行业的管理人、电视行业的管理部门、相关研究机构、行业，包括电影行业、消费电子产品制造商，以及残疾人组织注意，以便通过创建新的解决方案来提高日常生活内容的无障碍性。

听障用户的信息获取来源一部分依靠文字阅读，一部分依赖于手语翻译。针对残障者对文化和公共服务信息的获取诉求，各文化单位都推出了广播、电视手语节目。电视作为最重要的媒体渠道，涉及面较广且有较大的营销力，它的普及帮助听障人士充分获取信息，平等参与和融入主流社会。《国家基本公共服务标准》（2021年版）中明确提出，省、市级电视台按照《国家通用手语常用词表》开设手语节目或加配字幕，《关于推广国家通用手语和国家通用盲文的通知》明确要求相关媒体需要积极推行通用手语，开设电视手语节目。

2012—2018年，手语类节目整体发展较为缓慢，其原因之一主要是受限于目前我国手语翻译从业者人员较为短缺，难以为手语节目的开展提供专业能力支持。

2021年5月16日是第31个全国助残日，在中国广播电视社会组织联合会节目交易委员会的主办下，由长沙市残疾人联合会指导，湖南长广千博科技有限公司承办的"电视手语节目升级改造计划"正式启动。该计划采用国家通用手语大数据语音识别、手势识别、手语动画引擎、自然高清处理等智能手段为电视媒体提供人工智能手语电视系统以解决手语翻译、手语节目的难点。该智能搭载系统搭载了国家通用手语动作大数据，通过虚拟手语主播，将电视节目内容精准翻译为国家通用手语。除此之外，该系统还将持续对数据进行补充丰富手语动作数据库，提高翻译精准率。截至2021年4月底，该系统已经在湖南、湖北等21个省、市的55家电视台安装应用。

（四）服务体验度低

1. 服务专业度低

残障人士服务体验极其重要，但实现过程难度极大。社会无障碍服务供应商提供的部分服务具有长期性，尤其是一些技能训练服务，工作人员必须在完成培训后进行系统的考核，根据服务类型的不同，有不同的考核标准，只有通过后才能正式上岗。然而当下，社会无障碍服务提供机构没有足够的独立性，且提供服务的能力有限。

一方面，提供各项服务的服务人员均为现有机构内部或聘用的员工，未经过专门的培训，仍采用原有方式提供服务，服务形式单一并且质量大打折扣，不能被各种类残障人士所接受。另一方面，目前社会机构能够对残疾人提供的帮助是有局限性的。多数社会机构提供的服务，仅仅是我国政府颁布的相关服务类别，此类服务类型只能满足残疾人的部分基本要求，并没有根据残疾人的真实要求进行制定，所以和真实的需求并不十分匹配。

培育专业性的社会组织，能对残疾人的真实需求加以了解，通过满足真实需求进而提升整个社会对于服务残疾人机制经验的积累。在相关机构服务残疾人的过程中，应该根据残疾人的具体需求，选择带有针对性技能的专业人才，同时应该在员工上岗之前，进行有针对性的培训，以提升员工和残疾人沟通时的技巧能力。在此类机构工作的工作人员，应该对残疾人进行深入的了解，除了了解不同残疾人的身体缺陷之外，还应该对残疾人的心理情况加以了解。只有这样，工作人员在对残疾人士进行服务的过程中，才能将对方当成正常的服务目标。也只有了解了残疾人的心理状态，才能站在残疾人的角度思考问题，设身处地为残疾人考虑，以此达到在服务过程中亲切自然的服务目标。

康复领域是残疾人融入社会生活的重要保障，该领域对服务质量的要求极高，对服务提供者——康复治疗师的需求量巨大。改革开放以来，我国对康复领域的人才培养不断加大，制定长期康复人才培养计划及具体实施方案，"十三五"时期，将逐步建设康复大学写进"十三五"规划，助听器验配师、听觉口语师已纳入国家职业分类。但目前相较于国外起步更早的残疾人康复发展，我国仍处于初级阶段，专业康复师的人才缺口较大，部分康复机构的相关从业者专业能力尚未成熟，导致残疾人的康复服务体验较差，无法对残疾人的生理及心理康复提供完善保障。

2.反馈与评价机制不合理，监管力度有待加强

政府部门对相关服务效果的评价缺乏具体科学的标准，须制定更加合理的评估体系，扩大监督的范围。目前的评估机制，仅仅是针对服务内容进行的反馈结果评估，同时由于进行不定期的考察，所以此类评估结果往往无法反映残疾人服务的有效性。由于我国并没有推出残疾人服务类别的专业评估体系和相关标准，多数机构的评估考察机制是根据历史经验建立的，这也导致了整体评估机制不科学和不合理。

目前有关残疾人服务的监督机制不完善，监察手段不够严格，对问题的调整不够及时，甚至还存在着资金短缺导致监督不完善的现象，这都对残疾人服务体系的建立有影响。所以政府应该强化残疾人服务评估机制，对于相关的监管手段必须制定出严格执行的标准，也只有建立严格的标准才能对整个监督机制加以管控，以此做到更加合理科学的评估结果反馈。在标准的制定过程中，应该做到让残疾人真正地加入进来，只有残疾人自身的加入才会使我们更加了解残疾人的真实需求。在标准制定后，可以进行小范围的测试，并通过测试结果的反馈，对评估机制进行合理调整。

第三节 无障碍服务设计的战略方向

一、更"以人为本"的设计视角

（一）"以人为本"的视角价值

无障碍群体需求的特殊性对无障碍环境的规划和设计者在服务与产品的针对性、可行性和创新性上提出了更高的要求。传统的"一刀切"式，甚至标品复制式的环境规划并不能真正将有无障碍需求群体的真实生活场景覆盖，因此，相比于针对主流人群的城市及环境建设，我们需要用更加系统

化、沉浸式的视角去真实理解和领会，切身感受他们在进行社会活动时所受阻碍，用"以人为本"的设计视角去承担这项重任。

"以人为本"的设计旨在引导设计与规划者将视角前置，更加关注于人，而并非诸如收益率、领先技术等在实践落地阶段更为重要的因素。这里的"人"包含设计及规划过程中所涉及的所有以人为主体的因素，可以指代个体，如消费者、企业员工或组织，如残联、工会等。

微软公司就是采用"以人为本"设计方法的成功范例之一。微软作为技术驱动型组织已久负盛名，近几年，该公司通过应用"以人为本"视角的设计流程，将其策略转变为以用户为中心。以英国设计委员会的出版物《设计过程研究》为依据，专注于用户需求，并在组织内部建立创新环境以满足用户需求，微软员工的生产力、创造力及业绩贡献能力都产生了积极变化。

另一个通过"以人为本"视角创造出惊人改变的例子是星巴克。在星巴克之前，咖啡还只是咖啡，人们可以在任何地方买到它，而且它是统一、标准化且低廉的，是一种简单的产品。但星巴克改变了所有这一切，通过深入人们在喝咖啡时的根本需求，星巴克将一杯咖啡变成了15分钟的假期，把一种普通的商品变成了具有休闲意义的服务体验旅程，而其相应的产品、服务及其创造的价值意义都发生了根本的改变。

现在，以人为本的创新越来越被视为解决复杂现实问题的手段。越来越多的公司和组织都将不断创新以提升人们生活、满足人们多场景需求作为自身使命。通过以人为本的设计，不断深入了解人们的行为、需求和价值，创造创新的理念，城市环境的规划和设计者可以寻找更有意义、和目标人群生活高度相关的解决方案。这些想法不仅能持续提升现状，也赋予人们看到全新事物的能力。

(二)"以人为本"与"共情"

"以人为本"的设计始于人。它是一个需要深度共情的过程，从而创建从最终用户角度出发的环境、产品、流程体验。共情的核心在于"从他人的角度看待世界"。共情并非同情，它不要求我们怜悯和可怜目标观测对象，或者对自己拥有而对方没有的生理或心理优势感到抱歉。精神病学家及研究员海伦·里斯（Helen Riess）在《共情效应》中对"共情"提供了如下定义："共情要求我们必须从对方的身体、心理、社会和精神观点出发。"

虽然人们通常对自己的感受和情感非常了解，但进入他人的头脑可能会更加困难。为了帮助人们进行共情，"以人为本"的设计要求相关人员在实际着手任何项目或计划之前，要首先深入了解用户的生活，"穿上别人的鞋走一英里"，"真正理解他人的感受"。通常情况下，共情会以深度用户访谈的形式进行，以帮助人们了解目标用户观点和需求。

（三）"以人为本"与"学习者心态"

沉浸与共情只是过程，处理复杂的现实世界，将共情所产生的理解和感受真正落实到最终的设计当中，才是"以人为本"的最终目标。因此除共情之外，"以人为本"同样强调"学习者思维"，即打破原有思维方式，以学习者心态不断探索，不停思考问题更优解决方案的思维模式。

米克洛斯·菲利普斯（Miklos Philips）在文章《以人为中心的设计在产品设计中的重要性》中说："以人为中心的设计方法的核心是采用学习者的思维方式。学习者很乐观，他们相信目标一定能达成，并根据不断刷新的认知，以指导自身的行为。"

本着这种思考方式，"以人为本"设计的基本组成部分就是用户测试。这意味着不仅要在项目开始时不间断访谈客户，还要持续不断地与用户互动以测试整个过程中的想法，在方案确认之前做好不断被挑战的准备。

学习者思维方式意味着不应该预设人们如何看待设计及规划，不能因为他们喜欢或不喜欢我们的作品而产生任何心理负担。从事"以人为本"的设计过程的团队会尽早与用户交谈，以获取他们对任何设计或想法的反馈。掌握了这些宝贵的信息后，团队可以快速迭代并以对最终用户有效的方式在世界范围内推出新的想法或产品。

（四）"以人为本"与"效率"

"以人为本"的设计旨在通过关注消费者的行为和需求，而不是人口统计信息，从而创造性地解决问题。而创造性解决问题的关键在于定义问题。通过更加明确的问题定义，"以人为本"的设计可以构建更好的问题解决方案，避免因为没有花时间停下来思考而做出仓促决定，最终导致解决方案的失败及问题的无法解决。

虽然"以人为本"的设计与规划要求从业者投入大量时间与精力进行前期的研究和探索，而不是通过大量调用过往经验。表面上看，"以人为本"的设计是"慢"的，但事实上，因为投入了大量精力真正挖掘需求和确定方向，"以人为本"的设计反而能够提升效率。

此外，"以人为本"思维方式中专注于定义问题的模式，有助于从业者消除干扰因素，放弃无法直接为所需解决方案提供助力的选择，从而提升整体项目效率。

现在，越来越多的公司和其他组织开始倡导"以人为本"的设计及规划，但不仅是因为它是一种更好的工作方式。"以人为本"的工作方式同样可以带来更好的业务成果和效率。在 IT 领域的前期投资中，多达 15% 的 IT 项目被放弃，而在项目执行期间，至少有 50% 的程序员时间被用于进行可避免的返工，而当公司遵循"以人为本"的设计实践方式，便发现自己能够提前发现潜在挑战，并尽早找到解决方案。

二、更系统性的设计范围

除了"以人为本"的设计视角，为了避免因共情而产生的设计思考太过情感化而难以符合错综复杂的现实，无障碍设计同样需要更加系统性的设计流程和路径，即"系统化设计"。

"系统化设计"可以视为两个学科的融合。首先是系统学，系统学是一个跨学科领域，由一系列广泛的系统实践和系统思维方法组成，主张通过联系和交互来观察世界。另一个当然是设计学，设计学同样是广泛的设计实践和设计思维方法组成的跨学科传统，主张通过行动进行学习。

系统设计不只是一个过程，也是一个利用动态复杂性而创新和产生价值的新理念。系统化设计可以帮助我们将不同的利益相关者带到共同采取行动的共同参考框架中，它可以帮助改变组织乃至社会的思想、模式和文化，而不会因复杂性而感到不知所措。

协调多方利益相关者流程需要时间，因此设计流程与单个会议或研讨会所涉及的流程有所不同。流程需要灵活，以应对可能持续数月甚至更长的紧急学习流程，同时仍要提供期望和可行的顺序结果的指示，以指导那些负责管理该过程的人员。系统设计在规模、社会复杂性和集成性方面不同于传统的服务或体验设计，它涉及包含多个子系统的高级社会系统。通过将系统思维（及其方法）与设计思维整合在一起，系统设计将以社会为中心的设计带入复杂的、多利益相关方的服务系统。它基于设计和系统能力,形式和过程推理,社会和生成研究方法以及草图和可视化实践来描述、映射、提议和重新配置复杂的服务和系统。

典型的系统性设计过程应包括:了解问题及其广泛背景:这需要调查不同的利益相关者的场景及需求;制订行动计划:需要与利益相关者围绕需求目标,进行广泛交流、建议和验证,从而共同确定有效的价值机会点;不断学习和完善:不断引入利益相关者,要求其真实具有"学习者思维方式"的实践性迭代。不断进行假设与讨论。

三、更贴合场景的技术整合

随着我国数字科学技术的飞速发展,引进高科技,为广大残障人士提供智能化服务,是改善生存状况、提升生活体验的重要途径。科技创新在无障碍领域的发展已被政府及相关行业头部企业重视,并在无障碍相关领域技术个性中取得显著成果。腾讯自 2009 年开始启动无障碍产品的创新与迭代,并与政府、相关机构如深圳信息无障碍研究会等合作伙伴进行持续交流,共同深化无障碍需求,优化产品体验。

腾讯内部联合多个产品和研发团队在 QQ 空间已启动的"无障碍 AI 技术"的对外开放项目,包含:语音合成、OCR 文字识别、语音识图片,持续在 AI 技术在无障碍领域的应用上进行长期探索和协同。据腾讯介绍"语音合成"将通过机器自动学习,将文字进行语音朗读,并加入角色音色调整、情绪调节等功能,优化沟通场景下的无障碍体验。"OCR 识别技术",通过识别图片中的文字信息,如身份证信息、说明书信息等,从图片转成文本,再结合语音技术,让障碍人群能够高效且无障碍获取信息,提高沟通效率。"语音识别图片技术",应用多层深度神经网络技术,识别图片元素,将元素内容进行逻辑化、架构化重组,形成完整语音,再通过语音呈现给使用者,将让画面"阅读"无障碍,这也将让"视障者看画"成为可能。这将引入更多企业、大量技术开发者自由接入并使用这些开放的 AI 技术,助力降低互联网产品在无障碍应用研发时使用新技术的门槛,让科技助力更多无障碍场景服务成为可能性,并产生更持久和深度的社会价值。

在"智慧智能助力视障文化服务研讨会"中,中国盲文图书馆、浙江大学、阿里巴巴携手发起"读光计划",将服务群体聚焦在1732万视障人群中,通过阿里沉淀的数字能力、高效的研究能力引入,创造更友好的互联网环境。在线下实践中,天猫智能家居馆以天猫精灵智能音箱为控制中心,将与传感器、护眼灯、扫地机器人等30多款智能家居硬件连接,通过语音控制实现在安防、照明、娱乐、循环控制等方面实现无障碍优化。该控制系统未来将尝试可落地于城市图书馆、政务大厅等公共服务空间内,帮助公共空间实现无障碍优化。

目前,环境计算是无障碍领域的重要可结合技术之一,过去设备本身是交互的核心,用户要主动使用设备、看着屏幕反馈进行操作。环境计算让科技变成环境中的一部分:隐形且无处不在。用户不需要刻意把注意力放在设备上进行操作,而是让背景中的系统自动或半自动地达成目标,环境计算将带来的是操作步骤的高度简化:通过简单指令完成目标,它意味着障碍用户的行动目标路径变得更简单高效。

未来,期望有更多的科技力量加入到公益项目中,多维度改善障碍群体的沟通现状,也让更多用户通过科技享受便利。互联网创造的平行世界,为不少残障人士打开了重新接入世界的机会。但"数字平权"的过程相当漫长,它涉及数字教育、数字医疗、环保、社交等重要部分,它需要社会观念的嬗变作推手,更需要技术的演进作保障。

在不远的将来,将有更多有科技创新能力的企业加入到社会公益服务项目中,利用前沿的技术,探讨无障碍服务的未来可能性、多维度的迭代残障群体的生活现状。互联网创造的信息世界让残障人士打开了通道,虽然"数字平权"的过程需要长期投入,但企业社会责任感的认知和观念的传播将成为有力的助推器,技术的演进将打破互联网的平行世界,让残障者与非残障者平等交流、共享进步。科技予以残障群体的价值与温度,将成为社会文明进步的重要标志。

四、更符合中国现状实践的设计落地

随着中国经济的发展和国家实力的提升,随着智能设备与互联网技术的普及与升级,中国人的切身体验在被不断改善和刷新,特别是最近10年,中国的社会生活与全世界都呈现了截然不同的面貌。比如,作为"新四大发明"

的高铁、移动支付、共享单车、网络购物，这些使得中国的现实飞速变换，对无障碍设计的创新边界提出了新的要求。

中国经济向前蓬勃发展的同时，也遇到了前所未有的复杂性。中国的无障碍服务构建，越来越难依靠对"领先实践"的参考和实现。难点首先来自于人群的差异，我国残障人士基数极大，对公益性无障碍服务的投入面临较大的经济压力。其次是地区的差异，受制于经济发展程度，我国残障服务事业的发展存在不充分不平衡的特点。在国内一线城市和四五线城市，县、镇、乡等无障碍设施及服务的覆盖程度差异较大。最后是需求的差异，由于生活习惯及观念的不同，对无障碍服务的需求也有差异化表现。这些都要求我们在无障碍设计的时候，更加充分地研究符合国内特殊人群的需求，并在落地实践的过程中，充分考虑中国生活现状的特殊性，使无障碍设计发挥其真正功效。

第三章

无障碍语境下的服务设计方法

第一节　服务设计背景与定义

一、服务设计背景

　　20世纪工业革命后期，繁荣的美国营销界有句格言是"用户需要的并不是一台钻孔机，他需要的只是墙上有几个孔"。这句格言对中国现有的商业市场认知有高度影响，因为它正好解释目前中国消费市场的变化趋势。过去每个家庭都视汽车为生活必需品，这样出行方便，等购车后又会对车辆进行升级期望购买一辆更安全、更舒适、更豪华的车。而拥有了豪车后，又会希望聘请驾驶员，有人帮忙开车。这时使用者才开始意识到我需要的不是"汽车"这个产品，而是"出行"这项服务，消费者从购买产品已转化到购买服务。正因如此，人们产生了对短距及长距的出行服务诉求，目前出行服务市场所被大家熟知的有神州出行、滴滴出行等互联网出行服务提供商。与此同时，出行服务的蓬勃发展也一定程度影响汽车产品消费市场的下行。据中国汽车工业协会发布数据显示，从2020年1月至4月，我国汽车产销量达559.6万辆和576.1万辆，同比分别下降33.4%和31.1%，在此市场环境下，汽车巨头也在进行积极的自我转型，从汽车销售商转变为销售出行服务提供商。

　　同样与居民生活息息相关的房地产行业，也可窥见这一趋势。站在居住者的角度，需要一个"人性化"设计的社区，例如能够保障行走安全的人车分流设计，能够提供休憩住所的景观设计，能够提供居住安静的楼房分区，这些都是为了满足业主居住需求的本质。

　　"对万科来说，我们需要的不只是盖房子，我们更需要房子里面的内容，我们提供的不只是房子，我们提供生活方式，我们甚至为业主、客户的孩子成长提供空间，这是我们两年前开始明确做城市配套服务商这个战略之下采取的行动"。万科现任总裁郁亮如是说。

随着房地产市场从黄金时代步入白银时代，对传统住宅产品以外的战略探索中，生活配套服务将成为房地产行业的下一个增长点。除了产品上的设计，客户的服务需求高度旺盛。例如社区配套的孩子看护服务——四点半学堂，保障社区安全的物业服务，保障房子情况的维修服务。这些由房产衍生出的配套服务都组成了对居民生活便利性的保障，这些社区配套正日趋完善。未来，消费者必然越来越挑剔，对住房的需求已经从人住升级到了人居，就不得不进行配套服务升级，为用户打造全新的人居服务产业链。

对于全新人居服务产业链的打造正是如恒大、万科、龙湖等知名房企的主要发力方向。因此房企从开发者转型为城市配套服务者成为一种必然趋势。

随着社会的发展，人们生活水平的逐步增高以及消费能力不断提高，人们开始越来越重视他们所接受的服务并对服务的前中后期都有着更加敏感的感知。随着大众社交媒体的普及，人们可以在几分钟内就对他们体验过的任何产品和服务做出反馈，而这些服务评价将会成为影响其他客户购买决策的核心因素。这导致企业需要重新调整视角审视现状。产品经济时代带来了营销业的蓬勃发展，通过广告影响制造市场竞争力，促成用户交易购买，而服务经济时代，客户体验一词被提及最多，因为服务强调于企业与客户长期的互动关系，在这类持续的、高频率的互动中，对客户体验的察觉和迭代就变得至关重要。在此背景下，衡量用户体验的关键指标：NPS 应运而生，它是指现有用户向其他人推荐你的产品和服务的可能性指数，它是一种用来测量企业及员工如何对待客户的度量指标。在这一度量内，客户被划分为三大种类：推荐者、被动者和贬损者。也就是客户是否愿意将公司或产品推荐给朋友或同事。而通过 NPS 指标的结果收集，企业可以从客户的角度获知公司提供的客户体验是好是坏。

擅长用户体验的公司市场表现更好，更有可能被客户推荐，更有可能看到客户回头和再次购买；此外，如果顾客确信会有更好的体验，他们愿意支付得更多。

如今，NPS 已经成为国内外各大企业衡量客户体验的重要指标，如十几年前就已经开发采用的苹果和微软，以及国内知名互联网企业：滴滴、京东、阿里等。而这些企业都期望通过对客户体验、客户口碑的打造完成从客户价值到商业价值的正向循环。

仅对客户体验反馈捕捉足够吗？组织筒仓正成为企业提供新的更好的服务和端到端客户体验巨大挑战。企业筒仓结构是指企业内部以部门明确划分职责，虽然处于同一公司，各部门之间就像独立的筒仓，缺少跨部门间的沟通交流、信息共享及合作。在此组织结构下，所有员工都处在自身独立的部门中，擅长于他们的工作内容并越来越有效率。但员工会越来越局限于自己的工作职能，不会在意自己在整体业务流程中的角色，而更在意对 KPI 的完成和遵守。然而，对服务体验的打造需要的不仅是面向客户前台表现，同样需要后台（客户不可视的服务流程运行）部分的组织协同。这种跨学科的协同优化应该从哪儿开始呢？如何使参与者、员工都愿意参与并共同创造新价值呢？这就需要一种跨学科的方法论和工作方式，让具有不同背景担负不同责任的人们更容易开展工作，共同理解客户需求，以提供有用的见解和激发有趣的想法，去打破现有的企业筒仓。

简而言之，服务设计具有解决社会问题、创建包容性社区、倡导新的文化行为和促进幸福的力量，设计师通过社交和服务设计的视角，探索系统和体验如何为个人、组织和整个社会的需求提供解决方案。

二、服务设计关键定义

服务设计可以帮助组织从客户的角度看待他们的服务。这是一种设计服务的方法，可以用来平衡客户需求和业务需求，旨在创建无缝且优质的服务体验。服务设计源于设计思维，并带来创新的、以人为本的流程来改进原有服务和设计新服务。通过让客户和服务交付团队共创，服务设计可以帮助组织获得对服务内容的深度理解，实现整体的有效改进。

（一）服务设计：思维模式

采用服务设计的思维模式将首先考虑用户，从客户的视角出发探寻真实的需求。同时也考虑相关利益者洞察，寻求在用户需求、企业业务和技术可行性之间的平衡。针对无障碍服务，残障人士作为服务主体未来需求特殊性的提升也要求设计者沉浸到用户视角去发掘他们的真实的、多层次的需求。同时结合对无障碍服务相关配合部门的情况摸底也是找寻价值平衡的契机。

（二）服务设计：设计流程

服务设计常被描述为设计流程。从研究分析（寻找用户及相关利益者洞察）—定义问题（定义项目核心解决问题）—发散机会（探寻针对问题的产品服务机会）—迭代开发（通过设计原型快速验证方案）的整套流程中找到创新的解决方案。这样一套重复、循环的设计工作流程，也有助于无障碍产品和服务后期迭代成果、最终产品和服务越来越满足用户真实需求。

（三）服务设计：工具集合

对于大多服务设计学者来说，服务设计是一套工具集，它包含有可视化用户全流程体验的用户旅程地图，可视化用户类型的用户画像，可视化前台用户体验与后台服务运行流程的服务蓝图等工具。服务设计作为一种跨学科的整合方法论，包含的工具来自于多种学科诸如品牌、营销、交互、视觉传达等诸多领域。

（四）服务设计：跨学科语言

服务设计作为一套整合方法论，从业者和学者来自于各学术背景和行业。服务设计因工作方式易于理解、足够简单的特点，而被视为一种跨学科沟通语言，成为多学科之间的黏合剂。对于无障碍服务，也常包含有如政府部门、爱心企业、志愿者等多种社会角色、职能的参与，我们可以通过服务设计来为这些服务设计工作者建立统一语境和认知，让所有职能在其中能充分发挥专业经验和技能，整体提升服务体验。

（五）服务设计：管理方式

当服务设计持续性浸入到企业中时，它可以作为一种围绕服务创新进行协同工作的组织管理方法。因此，服务设计作为一种管理方法与其他迭代管理流程会有一些相似之处。但是，服务设计的不同之处在于它更多采用以人为中心的关键绩效指标如 NPS 而非 KPI，并更多使用定性的研究方法来对待体验和业务流程的快速迭代。

（六）服务设计相关名词定义

服务设计学科中对一些常见描述进行了专业定义，包含以下：

用户：即使用服务的人。

服务提供者：提供用户服务的主要组织、机构。

相关利益者：与项目有利益相关的人或组织，不仅有用户还有服务提供者及服务提供者的合作伙伴、竞争对手等。

触点：接触点指人事物之间相互接触、衔接的地方。其中常拆分为物理触点和数字触点。常见的物理触点包含传单、门店、服务人员等。常见的数字触点包含 APP、网站、小程序等。

第二节 服务设计原则与流程

一、服务设计原则

权威著作《这就是服务设计思想》中提出,要使服务设计项目有效并最终成功,都需要将服务设计的五项核心原则作为所有服务设计过程中的基础思想。它们是:以人为中心的;共同创造的;有时间顺序的;有实体证明的;整体性的。

(一)以人为中心的

服务的根本目的是要满足用户的需求,以人为中心是服务设计的首要原则。深刻而富有同情心的理解心理和行为驱动因素,例如对用户的服务期望、日常消费行为、个人品位、核心购买决策影响以及个人和文化价值观和信念机制等,为洞察需求奠定了基础。此外,有关当前和潜在客户的人口学数据也能帮助设计者更广泛地理解客户人群,整合后的这些有关"人"的洞察将成为服务设计项目的成功的基础。在以人为本的设计原则下,数据调研尤为重要。通过数据报告将获取人口学数据、用户消费数据等"大数据",提供现有问题的重要指引和参照。通过定性研究数据,如访谈数据、焦点小组数据可以为服务设计者提供更深入的人群理解和洞察,允许设计师更深入、更有针对性地探索问题背后的原因和动机,引导最终有价值的服务设计方案的真正落地。

对于残疾人来说"以人为本"更为重要。首先不同的残疾类型和程度有不同的需求,其次对于他们而言的更高层级——心理认同上更常被忽略,如社会参与感、他人尊重理解获取是他们更核心的服务诉求,因为他们常常无法参与社会活动，难以获得人们的尊重理解。"以人为本"让设计者重新自下而上认真倾听了解那些难以发现的、潜在的需求，帮助建立用户认知，使得最终的设计方案有理有据，按需而生。另外，在"以人为本"中，除了对残障人士的研究和关注，对残障人士相关照料者、陪伴者的关注也必不可少。尤其面对部分重度残疾用户，他们对看护者如家庭成员的依赖程度是高于其他用户的。在此情况下，服务的使用者可能不止于残障者而已，而同样需要去倾听看护者的关键需求，他们或许也是服务的另一种"使用者"或"购买者"。

总而言之，"以人为中心"强调的是服务提供者们应该积极地调用多种研究方式，以倾听服务使用者、购买者需求。理解他们需求背后的动机，转化成用户视角才能让服务传递出残障人士们所期望的价值。自上而下的政策制定搭配以自下而上的需求捕捉，将为我国无障碍服务事业提出更多的完善和提升机会，让残障者的生活水平稳步上升。

（二）共同创造的

一套完整的无障碍服务设计能够从设计出来到顺利实施，有时受制于数据的缺乏，不能仅单纯地依赖服务设计师听取和收集用户的诉求，也要站在服务提供者的角度出发了解他们的需求与期待，因为只有他们对服务的资源投入和长期运营才能够保证服务能够持续稳定地提供下去。"共同创造"强调的是将组织服务的设计者、提供者、使用者共同参与整个服务流程的构建中，提出各方的需求和诉求来制定可切实运营的服务方案。除了服务的相关人员，"共同创造"也可以是不同专业的人参与到服务共创中，如工程师、研究员、传媒从业者等，通过一系列跨学科的参与者，提供更丰富的视角和跨学科知识、技能，一起碰撞出创新的设计想法。

值得注意的是，在具体的共创工作中，需要确保各方都有代表，让每个角色都有机会输入自己的观点和经验。从长远来看，这不仅会创造更好的服务，还将帮助使用该服务的人和提供该服务的人都感到有价值。同时让服务提供者和利益相关者参与共创过程，也将体现企业对客户的重视和以客户为中心的理念。

2018年，在美团大众点评发起了无障碍公益项目的"无障碍数据采集"计划中，邀请部分残障人士作为无障碍数据采集员，通过他们对无障碍通道、无障碍坡道、无障碍电梯、无障碍厕所等公共设施的采集，并参照国际通行的无障碍标准，发布适宜于残障人士使用的"无障碍餐厅"榜单。该榜单正是由服务提供者和使用者共创的价值产品。通过借助美团大众点评平台的号召力和共创的价值展现，可以向全社会普及无障碍理念，共同创造城市的无障碍空间，帮助残障人士完成无障碍地、与其他人平等地参与社会生活的各个方面的权利。

我国目前现阶段的无障碍事业中，也可见此"共创"趋势，各级残障相关组织协会积极探索与商业的协同合作，签署战略合作协议。通过引入服务提供商——企业，服务使用者——用户进行共创，帮助企业倾听用户需求，帮助用户获取期望服务，满足双方价值需求。

（三）有时间顺序的

服务是由一连串彼此相关的具体行动组合而成，而服务设计需要把体验按时间线流程化定制用户体验。对服务提供商而言，客户与各触点间的互动并不是立即显而易见的，触点间的关系也相对独立。但从客户的角度来看，服务中每次交互的触点都会影响他们整体的服务体验感知，所以各触点的形式、内容、互动关系都是体验旅程的一部分。因此服务提供者提供一致、高质量和无缝服务体验。

本书针对无障碍服务前期分析中，发现目前政府端提供的部分无障碍服务如公交出行服务存在于服务触点割裂的情况。以服务设计方法论来说，正是没有考虑"时间顺序"造成的设计断点。面向残障者的服务触点需要提供相应的体验支持、指引和反馈。单个触点的体验断链将可能导致视障者无法真正使用体验。例如在完整的残障人士公交出行服务中，应从家门口—进站—等车—上车—下车按时间线先把用户旅程完整梳理和呈现，并针对过程中的单个触点进行逐步分析，如果在等车时出现尚未解决的障碍问题，比如无法知晓车辆路线，就会导致整套服务的失效。

延伸概念：峰终定律

峰终定律是从心理学角度总结消费者行为感知的内在模式。研究发现对体验的记忆由两个因素决定：高峰（无论是正向的还是负向的）时与结束时的感觉，这就是峰终定律（Peak-End Rule）。为经济研究、企业管理、政府决策提供了在服务体验设计的有效依据，在资源发力的方向选择上有极大的参考意义。

"用户在使用某个硬件产品、软件产品或者服务系统来完成自己目标的过程中，用户情感地图曲线的波峰（体验最好）、波谷（体验最差）、结束点的体验，决定用户对整个过程的体验评价。"——Daniel Kahneman

由于顾客的体验感受受峰终定律控制，服务提供商可通过关键服务环节，来提升客户的整体满意度，形成良好感知和深刻记忆。从长远价值来看，顾客的印象深刻的感知将有效转化为口碑，向外传播。其中利用峰终定律定义服务的典型案例是 IKEA，入口处通过设置低价冰淇淋让顾客感受到高性价比的惊喜体验。

对无障碍服务设计来说，可考虑引入以上理论。为残障者创造服务的"惊喜时刻"，让无障碍服务的口碑能够向外传播，让更大量的残障者认识并使用服务，形成良好的社会认知和影响力。

（四）有实体证据的

服务设计中强调需要把用户与无形的服务的交互结果予以可视化、有形化呈现，建立并触发持续积极的用户服务记忆和情感联系。如此可延长并增强客户对他们所接受服务的感知。

在无障碍服务设计中，有形化的服务证据可以帮助加深服务使用记忆，促使用户能够更积极地再次使用服务并提升服务口碑。具体有形化的设计内容还应根据具体的残障类型进行调整。比如针对盲人的有形化服务更多要考虑在触感方面进行设计。

（五）整体性的

服务设计需要关注服务系统的整体性，即"考虑到服务环境的各个方面"。它需要设计者对前台用户体验和后台企业运行配合（形式、资源、能力、财政等）的全面考量。目前我国无障碍服务由相关政府部门组织主导，少部分由市场公益性质运营的无障碍服务正面临着没有持续运营的商业模式的尴尬境地。从财政来说，财政是服务持续运营的基础，引入经济运营成本的考量是未来无障碍服务需要面对的关键问题。从资源来说，目前无障碍服务的核心资源需求之一是人，专业康复治疗师的巨大缺口让康复服务扩张面对极大挑战，未来对服务资源的投入和培养也是我国相关部门正在布局的长期工作。从形式来说，无障碍服务运营形式以政府相关部门为运营主体，对比国外较为成熟的无障碍服务状态，服务提供和运营已大量由商业机构介入和承接,既减少政府端压力,也让服务的内容能够更加灵活和可持续。

在株洲益云公益协会会长陈瑛看来,依靠纯公益的方式进行"无障碍出行"服务,很难长期运营下去。他给记者算了一笔账,不包括买车的钱,一辆车的改造费需要6万元,每趟车的出行成本,市区内要100多元,单靠爱心单位和个人出资,是远远不够的。株洲市共有24.5万残疾人,其中重度残疾人有2.5万人,他们的出行需求比较大。

从服务设计视角看来,只有先整体性地考量多种因素再构建服务系统才能使得无障碍服务不止从0—1建立,更能从1—100顺畅运营。

二、服务设计流程

服务设计方法论中,常用Double Diamond双钻模型作为流程模型(图3-2-1),表达设计过程。Double Diamond由英国组织"设计委员会"于2005年首次推出的,通过一种视觉化、图形化的方式,将设计过程拆分为四个关键阶段,即:发现、定义、开发和交付。每个阶段贯彻的核心特征是"发散"将聚焦于对更多的信息的收集,"定义"将聚焦于对核心问题的提炼和总结以制定更清晰的设计方向与便捷,"开发"目标在于发散更多针对性解决前述问题的创意机会,"交付"目标在于对多个创意机会进行筛选和结合,以整合出一个更完善、落地、有价值的解决方案。

Double diamond双钻模型在团队协作中和项目管理中,通过图标对过程可视化,可以帮助项目组成员了解目前项目进度,处于什么阶段以及需要在该阶段达成哪些目标采取哪些步骤。需要明确的是,该设计流程模型并不是完全线性的,在实践中各阶段通畅灵活调整,往复迭代。

图 3-2-1 双钻项目执行流程示意

(一)第一阶段：发现

作为双钻模型的第一阶段，代表项目的起点。对于服务设计者来说，该阶段的核心任务是保持尽可能的开放心态，从用户视角和客户视角收集更多信息。为达成目标，可以采用的方法是首先对客户即服务提供者进行访谈，了解项目背景、目标、挑战等。再对相关利益者进行访谈，收集关于服务系统中自身角色的服务经验及建议。除此之外的核心工作将会落位到用户侧，通过定性及定量的研究方式，对用户进行访谈或观察，在过程中对他们的情感深刻共鸣，了解他们的所思所想，总结他们的行为模式，探索服务现状下的痛点和潜在需求。

在发现阶段常用的方法包括：田野调查、文化探寻、桌面调查、用户访谈、相关利益者访谈、决策者访谈、焦点小组、设计探寻、认知走查、竞品研究等。

(二)第二阶段：定义

双钻模型第二阶段核心目标在于聚合信息，与上阶段保持尽可能的开放心态相反，此阶段需要尽可能地务实和整合。当发现阶段结束后，服务设计师团队拥有大量的信息，首先要对这些信息进行更深度的分析和总结，提炼更具有价值的洞察。再明确定义需要解决的问题，聚焦项目范围。值得注意的是，该阶段可能提炼的问题量级较大，这时候需要对问题的优先级进行排序，该优先级的评估标准需要集合服务提供者的实际目标制定，可以是最值得解决也可以是最需要解决的项目问题。从而，一个更清醒的问题和更专注的方向才能为之后的设计概念发散和产出打下基础。

一些常用的服务设计工具如用户体验地图、利益相关者地图等在此阶段可以作为思维梳理和视觉表达的工具，帮助把研究转化为洞察。通过用户画像以总结目标用户特征，体验地图梳理用户场景与痛点，用 HMW（how might we）工具来定义问题。最终定义出来的问题将指引后续创新概念设计的展开。

(三)第三阶段：开发

第三阶段核心目标在完成创意想法的发散到设计概念的产出。对服务设计师来说需要再次保持开放，积极尝试创新、有趣、丰富的想法。在该阶段的团队协作中，需要做到尽可能的集思广益，收集大量的创意机会。但需要注意的是，服务设计的设计概念产出不只是要考虑服务使用者，同样还有服务提供者，如何创造一个完善的服务流程以给各利益相关者更好的体验是核心。因此在开发阶段以共创方式将服务系统中的相关利益者带入到创意发散和概念产出的环节，将得到更具有落地实践性的价值方案。在设计概念提出后，为了快速测试该概念的可实现性和实用性，项目过程中在完成 2—4 个潜在解决方案后，可以以低保真模型或服务模型的方式对目标用户进行原型测试。该环节的目的在于获得尽可能多的用户反馈，包含对服务使用的情况、问题和态度。原型测试中的信息将帮助设计者快速查找方案问题，并得到方向指引以迭代方案，提高后续方案的可行性。

该阶段的常用工具包括：用户体验地图、服务蓝图等，在此阶段可以帮助设计师了解背景、全局思考、发散思维。常用方法包括：用户测试、角色扮演、共创工作坊等。

（四）第四阶段：交付

第四个阶段将对开发中提出的解决方案进行最终确定、评估、交付和部署。该阶段需要服务设计师结合上阶段内容进行融合思考，目标是就最终方案进行最后检查，以最终交付可以满足客户需求的解决方案。确定最终设计方案后将再次创建服务原型对整体方案进行再度的高保真测试和改进。选择先建立服务原型可以节省试错成本，如测试结果良好，就可以进入到更详细的开放过程。根据最终交付的产品和服务选择合适的用户体验评估方法，如高保真原型。用户测试和专家评估将成为该阶段的核心方法。

第三节　无障碍语境下的服务设计调研方法

一、问卷调研法

问卷调查（表 3-3-1）是以书面提出问题的方式收集资料的一种研究方法。研究者将所要研究的问题编制成问题表格，以邮寄方式、当面作答或者线上投放方式填答,从而了解被试对某一现象或问题的看法和意见,所以又称问题表格法。问卷法的运用,关键在于编制问卷、选择被试和结果分析。问卷法的优势在于能够拥有大量的样本信息,保持结果的稳定性和普遍性,劣势则在于问卷法限制于问题设定,无法对一些回答进行针对性的追问,直接影响对问题背后的动因的深度理解和挖掘。

表 3-3-1 残疾人基本服务状况与需求问卷调查

村（社区）内公共服务场所及其中无障碍设施情况	S1.是否有综合服务中心	1.有 2.无 （跳转 S2）	1. 出入口是否平整或有坡道	1.是 2.否
			2. 是否有低位服务柜台	1.是 2.否
			3. 是否有无障碍厕所或厕位	1.是 2.否
	S2.是否有医院（卫生室、所）	1.有 2.无 （跳转 S3）	1. 出入口是否平整或有坡道	1.是 2.否
			2. 是否有低位服务柜台	1.是 2.否
			3. 是否有无障碍厕所或厕位	1.是 2.否
	S3.是否有学校、幼儿园	1.有 2.无 （跳转 S4）	1. 教学楼出入口是否平整或有坡道	1.是 2.否
			2. 教学楼楼梯是否有双侧扶手	1.是 2.否
			3. 是否有无障碍厕所或厕位	1.是 2.否
	S4.是否有银行网点、信用社	1.有 2.无 （跳转 S5）	1. 出入口是否平整或有坡道	1.是 2.否
			2. 是否有低位服务柜台	1.是 2.否
	S5.是否有商店、小卖部	1.有 2.无 （跳转 S6）	出入口是否平整或有坡道	1.是 2.否
	S6.是否有文化（体育）活动中心（站、室）	1.有 2.无 （跳转 S7）	1. 出入口是否平整或有坡道	1.是 2.否
			2. 是否有无障碍厕所或厕位	1.是 2.否
			3. 场所内是否有适合残疾人的文化活动器材（胡琴等乐器、象棋等棋牌、书报杂志等）	1.是 2.否
			4. 场所内是否有适合残疾人的体育活动器材（踢毽、跳绳、柔力球、乒乓球等）	1.是 2.否
	S7.村（社区）内是否有社区康复站	1.有		2.无
	S8.村（社区）内是否有托养服务的日间照料机构	1.有		2.无
	S9.村（社区）内是否定期为精神、智力和重度肢体残疾人提供居家服务	1.是		2.否
	S10.是否组织残疾人参加村（社区）的文化体育活动	1.是		2.否
	S11.村（社区）内是否有体育健身指导人员（经过专业培训）	1.有		2.无

（一）一般问卷调研流程

1. 调查前准备：明确目的和内容。问卷设计的第一步就是要把握调查的目的和内容，实质也就是规划问卷所需要的各种信息。需认真研究调研目的、主题和理论假设，将调研的问题进行具体化分析，使问题更有条理、操作简单。

2. 设计问卷：决定问题的结构。调查问卷主要有两种结构，即：封闭式问题和开放式问题，其本质的区别就在于是否设置答案。确定每项问题的具体内容，明确每项问题中都包含什么，每个问题组合后是否达到统一要求，问题是否全面。针对每个问题我们都要反问一下这个问题有必要吗？要让每一项问题的存在都有必要性。

3. 发布问卷：向既定人群分发问卷。

4. 回收统计问卷信息：回收问卷并确定有效问卷，再通过一些数据分析软件，如 SPSS、STATA 等，分析数据并形成一套用数据详细论证的研究报告。

（二）视力障碍人群问卷调研

通过对视障者的定性研究，发现尽管视障者在某些情况下可能需要帮助，但他们相对独立，大部分视障者都具有很好的语言表达能力、文字编写能力和很强的自主学习能力，并且借助于读屏软件对互联网有高操作度。

所以针对视力障碍人群，可通过提供读屏软件辅助完成线上问卷调研。

1. 调研方法

每次调查都分为：调查前准备、调查问卷设计、调查问卷发布（图 3-3-1）（线上：在视障者活跃的 QQ 群、微信群、贴吧、论坛、微博等渠道发布问卷，线下：通过与视障者面对面访谈和电话交流等形式）、回收统计问卷信息等四个阶段，每次调查周期为一个月左右。线上主要采用网络问卷的形式，视障者可以通过电脑读屏软

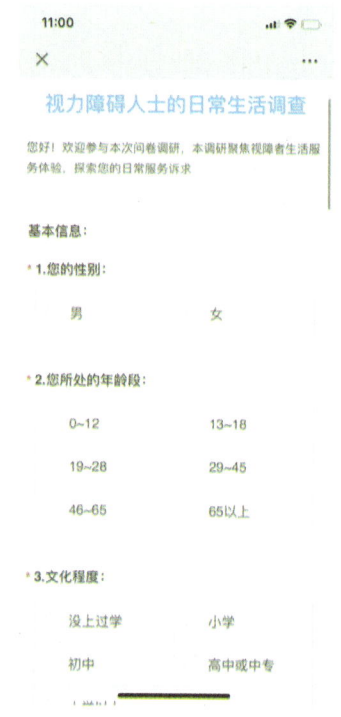

图 3-3-1 微信问卷星小程序视障者日常生活调查问卷

件和手机读屏软件进行问卷填写，考虑到目前调查问卷系统的无障碍程度并不完善，为尽可能地减少视障者阅读和填写问卷的难度，应对每份问卷里题目的长度和数量进行控制。

2. 调研过程

调研采取线上问卷和线下问卷两种方式进行：

（1）调查前准备：每次调查前，由信息无障碍研究会的多位全职视障员工（包括视障客服和视障工程师）在视障群体聚集的网上社区了解视障者的动态，在广大视障者的反馈的基础上，结合设计目的与方向从而来确定问卷问题大纲。

（2）设计问卷：根据视障者的反馈，与全职视障员工共同参与设计出每次调查问卷的题目，并在问卷星网站（http://www.wjx.cn）和两个线上平台上创建问卷。

（3）发布问卷：邀请残疾人回答问卷前应告知：将对其个人信息保密，回答无对错之分，请根据个人情况如实回答，并提前告知所可能花费的时长。

线上渠道：通过问卷星——在线问卷调查工具，在视障群体聚集的线上社区（包括论坛贴吧、微信群、QQ 群、微博等）发放问卷并邀请视障者通过读屏软件填写；与 PC 秘书合作，将问卷在 PC 秘书上以弹窗形式邀请其用户参与问卷填写。

线下渠道：约访本地视障者进行问卷的填写以及通过电话与外地的视障者进行填写问卷。

（4）回收统计问卷信息：每次调查经过一个月左右的问卷填写，剔除空白问卷后，通过线上渠道、线下渠道，回收有效问卷。针对视障者填写的信息，进行信息分析统计。每次调查后，通过对收集来的问卷进行信息分析统计，汇总分析后形成调查报告。

（三）听力障碍人群问卷调研

通过对视障者的定性研究，发现：听力障碍者常伴随言语表达问题，无论是口语还是书面语在语法上易呈现错误，表达抽象。因此在编写问题时应该尽量避免需要听障者进行大量阐述性回答的问题类型。

1. 调研方法

每次调查都分为：调查前准备、调查问卷设计、调查问卷发布（线上：

在听障者活跃的 QQ 群、微信群、贴吧、论坛、微博等渠道发布问卷，线下：通过与听障者视频电话中介形式）、回收统计问卷信息等四个阶段，每次调查周期为一个月左右。线上主要采用网络问卷的形式，听障者网上进行问卷填写。

2. 调研过程

调研采取线上问卷和线下交流两种方式进行。

（1）调查前准备：每次调查前，由信息无障碍研究会的多位全职听障员工（包括听障客服和听障工程师）在听障群体聚集的网上社区了解听障者的动态，在广大听障者的反馈的基础上，结合设计目的与方向从而来确定问卷问题大纲。

（2）设计问卷：根据听障者的反馈，与全职听障员工共同参与设计出每次调查问卷的题目。设计问卷时，为听力障碍者编写问卷时应表述简单化，标明强调关键字，让他们能够以最简单直接的方式了解到问题的关键意思，并在问卷星网站（http://www.wjx.cn）和视频翻译服务（SVIsual）两个线上平台上创建问卷（口译人员出现在视频翻译中，这一形象的支持可实现远程沟通）。

（3）发布问卷：邀请残疾人回答问卷前应告知：将对其个人信息保密，回答无对错之分，请根据个人情况如实回答，并提前告知所可能花费的时长。

线上渠道：通过问卷星——在线问卷调查工具，在听障群体聚集的线上社区（包括论坛贴吧、微信群、QQ 群、微博等）发放问卷并邀请听障者填写。

线下渠道：约访本地听障者进行问卷的填写以及通过视频翻译电话与外地的听障者进行填写问卷。

（4）回收统计问卷信息：每次调查经过一个月左右的问卷填写，剔除空白问卷后，通过线上渠道、线下渠道，回收有效问卷。针对听障者填写的信息，进行信息分析统计。每次调查后，通过对收集来的问卷进行信息分析统计，汇总分析后形成调查报告。

（四）言语障碍人群问卷调研

通过对言语障碍者的定性研究，发现：言语障碍者通常使用肢体语言去丰富言语表达，他们不知道一些介词、感叹词的用法，语序常和正常人不同。所以对于书面问卷的问题阐述应主动简化，减少不必要的介词、感叹词用法，并且主动提供答案部分的程度表达，采取画圈/打钩等简单操作。其余调研过程一致。

（五）肢体障碍人群问卷调研

除了手部残疾患者需要提供专业人员协助操作以外，其余调研过程一致。

二、用户访谈法

常见的问卷调查和数据分析虽然可以覆盖大面积的用户群体，获取更大量的用户行为和数据情况（定量研究），但无法深入了解用户做出某种行为的具体原因和场景。面对面访谈也称深度访谈（图3-3-2），它是指访谈双方进行面对面的直接沟通来获取信息资料的访谈方式。它是访谈调查中一种最常用的收集资料的方法。在这种访谈中，访谈员可以看到被访者的表情、神态和动作，是一种社会互动过程，是访谈者为了获取受访者的动机、态度、行为、想法、需要等而进行的信息获取方式，有助于了解更深层次的问题。深度访谈属于定性研究，是研究者和受访者之间有特定目的的对话，焦点在受访者提供对自己生活经验的感受。

图 3-3-2 中央美术学院服务设计课程用户深访

（一）一般用户访谈流程

深度访谈的执行流程与其他研究流程相同：制订计划、设计访谈大纲、正式访谈与数据采集、数据分析与总结。

1. 制订计划：首先确定访谈的目的，然后甄别出需参与访谈的用户和利益相关人，并确定要获取哪些信息以及从谁那里获取从而确定受访者名单。按照候选者划分进组，访谈时可能会出现其他类型的受访者，必要时需要取舍样本。

2. 设计访谈大纲：制定访谈大纲——即指导访谈管理和执行的规则。每次访谈都必须按照大纲执行以确保访谈的一致性，也可提升调查结果的可靠性。访谈中应使用开放性问题，而不是封闭性问题。访谈中六类问题需要被提及，经验/行为（experience/behavior）问题、意见/价值（opinion/value）问题、感受（feeling）问题、知识（knowledge）问题、感官（sensory）问题、背景/人口统计（background/demographic）问题。访谈提纲不仅能帮助组织内容，以及指导访谈者需要问哪些问题，同时，一份完整的访谈提纲还能作为一件有形的道具，让访谈者看起来更有准备和更正式。并且还能够减轻受访者的紧张情绪，他们会知道问题是经过设计的，访谈者不会问自己回答不了的问题。

3. 正式访谈与数据采集：准备受访者的访谈（确保向受访者解释此次访谈的目的，为什么选择访谈他们，以及访谈预计时长）并寻求被访者的知情同意（书面或口头记录）。告知被访问者信息是否保密以及如何保密，如果被访者同意，则可以进行访谈。

在实际访谈中，并不一定按照提纲的顺序，跟随用户的思路和对话内容进行，可以让访谈更自然。从一般性问题开始，逐步进行到核心的或者特定的问题，逐渐将访谈聚焦到主要目标上。然后提出主要问题来获取需要的信息，并沿着主要问题做拓展和延伸，最后可进行一些总结。访谈结束后立刻总结关键数据，必要时需验证访谈中得到的信息。

4. 数据分析与汇总：整理与收集数据，分析所有访谈数据。可以尝试以任何有意义的方式进行归类，如按照参与者的类型进行归类。

（二）视力障碍人群用户访谈

通过对视力障碍者的定性研究，发现在通常对话中，对于某些事物的探讨需要转化成更易被理解的形象化描述。另外，重要的信息和潜意识的信息多通过他们的手部动作与面部表情进行传达。因此对于他们的微动作和表情的捕捉至关重要。

调研过程：

（1）制订计划。

（2）设计访谈大纲。

（3）正式访谈与数据采集：在开始交流前需先引起对方注意，如轻触对方手臂肩膀。从一些简单的问题开始，拉近与用户之间的距离，营造盲人不被动、轻松、安全的访谈氛围。对场景的描述多用触觉、听觉、嗅觉的感官体验。并且倾听用户，不要随意打断，获取用户真实诉求。

（4）数据分析与总结。

（三）听力障碍人群用户访谈

通过对听力障碍的定性研究，发现：

听力障碍者需要读唇语。因此在面对面访谈时，说话语速不要过快或者过慢，发音时的口型切记不能过于夸张。

听力障碍者的视觉接触是非常重要的，主访人要切记保持视线的聚焦。

听力障碍者信息接收方式较单一，因此不要同时提供多重视觉刺激的信息，比如：文字、图片或者一个物体。

调研过程：

1. 制订计划。

2. 设计访谈大纲，应在准备问题提纲时提前准备已经写好问题的卡片在提问时使用。需要注意的是，主访人需要在开始访谈前先让对方了解谈话要点，一旦他们知道要点，谈话会顺利得多。如果要转变话题，需要给出提示，并要确认对方是否清楚你的话题内容，最后及时替他们总结其阐述要点并确认是否正确。

3. 正式访谈与数据采集。

听力障碍主访者应该坐在一个有充足光线的位置，以便可以使他们更好地观察主访人的唇语表达。

通过轻触他们的手臂、肩膀示意开始。注意绝不要去碰触听力障碍者的背部或者头部，如果身体接触因为距离的关系而不能进行，主访人可以采用其他的方法来引起他们的注意，比如：在他们可视的视线里摇手、开关灯、用力地跺脚或轻轻地敲打桌子等。

主访者阐述问题时需保持头部位置，不要将头低下，以方便他们读唇语。

可考虑使用专业视频翻译服务（SVIsual）或者手语工作者提供翻译服务。

4. 数据分析与总结。

（四）言语障碍人群用户访谈

建议使用线上文字沟通方式。

第四节　无障碍语境下的服务设计工具

一、用户画像

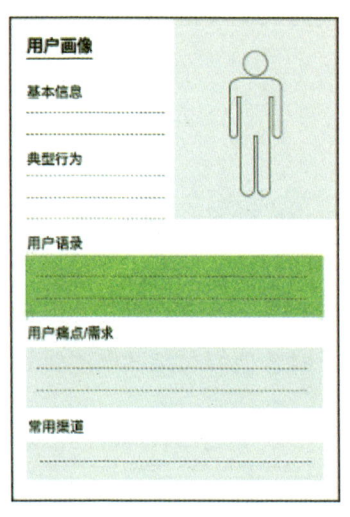

图 3-4-1　用户画像示意

用户画像是虚构的，原型用户的视觉化呈现工具（图 3-4-1），用户画像角色的目标和特征代表了较大用户群的需求。它是通过从发现过程中的用户研究成果收集的真实数据来构成的，通常包括描述行为模式、目标、技能、态度和背景信息、需求等信息。设计师通常在描述中会添加一些虚构的个人详细信息，以使用户画像成为现实的角色更能将阅读者带入角色（例如：职业、年龄等）。通过对用户画像的设计可以拆分不同的用户类型，帮助团队了解各类型用户的行为、需求、体验和目标。它可以让决策者理解到不同的人有不同的需求和期望，从而将设计与商业同时聚焦在特定群体上，带来更优化的决策。另外它也可以指导概念的发散，让团队在目标画像上更能够感同身受、换位思考，比如可以思考"针对这类上进学习党，我的产品如何可以打动他们？"创建出有针对性的提升用户体验的方案。另外，服务设计作为一门跨学科专业，常会面临团队成员来自不同学术背景的情况，用户画像也将会为一个跨专业团队（研究员、设计师、工程师等）提供统一的沟通语境——用户语境。

它的创建过程如下：

第一步是进行用户研究，以了解目标人群的生活状态、行为态度等。因此通过用户访谈或者用户观察收集到尽可能多的信息是十分重要的,大量和深入的数据意味着创建的用户画像更有代表性和指导性。

第二步是形成用户假设。根据初步的研究成果,识别用户间的行为、态度、需求的差异,对项目范围内的用户形成分类纬度,并进行初步的用户分类。

第三步是创建用户画像。围绕着用户差异模式,对人物的行为需求等进行描述。用户画像的目的是让服务设计的参与者对用户有足够的理解和同理心,所以描述需要更深刻和准确。可以包含:教育程度、生活方式、兴趣、价值观、目标、需求、局限性、愿望、态度等。

第四步是完善用户画像。完成对用户核心特征的描摹后,需要添加一些虚构的个人详细信息如名字、年龄、职业等。另外有代表性的照片也将成为加分项。

二、用户旅程图

尽管大多数企业、组织都善于采用定量定性研究的方法收集客户相关数据,但是仅凭直接的数据是无法生动传达用户的情绪和感受的。叙述性的故事常常可以做到这一点,在设计工具中,用户旅程图就是一个讲故事的经典工具(图 3-4-2)。用户旅程图通过采用叙事性结构和视觉效果来表达一种用户类型某段时间周期内与产品 / 服务 / 企业的互动关系,就像电影通过一系列场景讲述某演员的故事一样。它以用户的视角展开,提供了用户在过程中

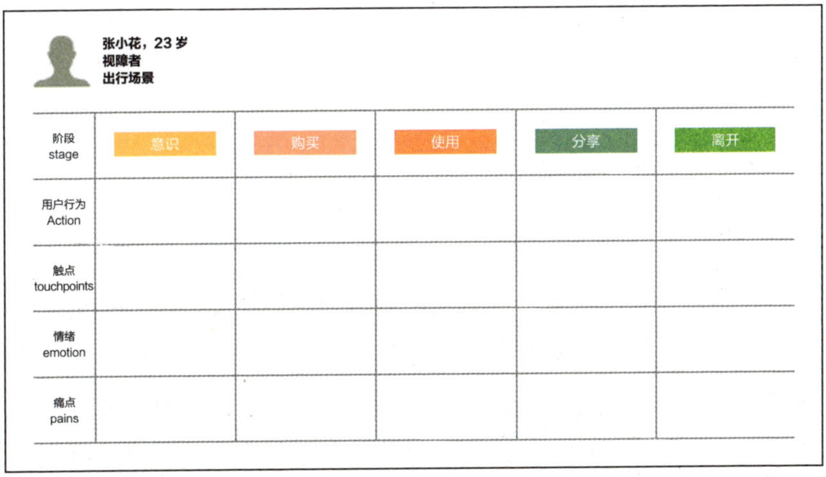

张小花,23 岁 视障者 出行场景					
阶段 stage	意识	购买	使用	分享	离开
用户行为 Action					
触点 touchpoints					
情绪 emotion					
痛点 pains					

图 3-4-2 用户旅程地图示意

的需求和痛点。对于服务设计团队来说，通过用户旅程图更好地理解用户是如何使用这个服务的，以及在每个关键节点中用户的真实情绪和体验反馈，以更为全局和整体的角度看到设备之间、渠道之间、部门之间的体验断层并改善他们的服务或产品上的体验。对于整个企业来说，有助于企业宏观地看到品牌如何打动和吸引用户，或者为何流失用户。除此之外，通过将客户体验的可见，将促进所有团队成员进入同一客户语境，达成共识。通常的标准结构包含以下部分：阶段、步骤、用户行为、渠道、情绪、需求痛点等。值得注意的是，当使用旅程图时，它的结构会根据项目目标、背景等而产生变化。

它的创建过程如下：

第一步是定义目标用户画像，用户旅程图侧重于表述一类型用户的体验旅程。首先要清楚定义希望深入探索体验旅程的目标用户是谁，他的需求和期望是什么。这将对旅程内容产生较大影响。

第二步是定义用户阶段，每个旅程图都包含不同的用户阶段，根据事情发展的顺序（如时间线，任务流程，故事线发展的场景）定义客户旅程图的横轴。需要注意的是，其阶段代表客户的目标导向旅程，而不是内部流程步骤。

第三步是描绘行为和触点，根据阶段描绘用户于产品/服务使用中的典型行为，并在过程中产生互动的关键触点，如网站、广告单页、APP等。

第四步是总结需求和痛点，需求和痛点是用来表达体验优良情况的核心论据，提炼用户在与触点互动中的痛点和需求。

第五步是描绘情绪，情绪部分是来自用户体验过程中的情感变化程度，设计师可以结合用户现在的体验状况进行评分，并将分值对应表情符号，通过表情符号来标记用户情绪的变化。

三、相关利益者地图

利益相关者是指项目中所有直接或间接的利益相关者。利益相关者示意图（图3-4-3）是客户体验中所涉及的利益相关者生态系统的直观表示。服务设计参与者可以通过相关利益者示意图宏观了解产品或服务的生态系统。通过对相关利益者示意图的整理，可以分析和了解谁参与项目或组织，谁是与项目有关的关键角色，并有助于表达不同利益相关者之间现有关系，了解他们的观点和期望以更好地推进项目。另外通过对现有利益相关者关系的理解，可以探索建立新的互动关系，促进现有的关系或创建替代方案。

整理相关利益者时需要思考：

该服务/产品需要谁的投资/许可？

该服务/产品需要谁的流程批准才能遵守？

该服务/产品需要哪些资源来进行更改/采取行动？

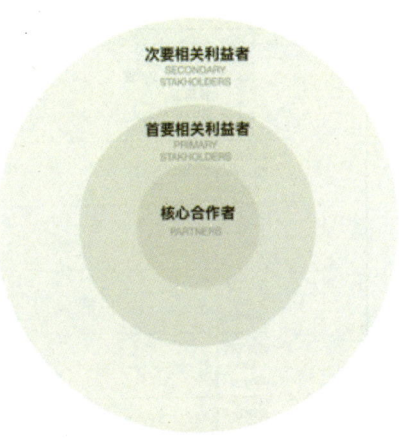

图 3-4-3　相关利益者示意图

该服务/产品需要谁的参与才能完成工作？

该服务/产品需要满足谁的期望才能成功？

该服务/产品需要谁的合作才能使其正常运作？

创建相关利益者示意图时，通常将示意图创建为具有两个轴的简单象限（影响程度和过程中的关注程度或参与程度），也可以创建为更复杂的动机矩阵，如详细说明每个利益相关者为每个利益相关者带来的价值。当然需要说明的是，根据项目具体情况，结构也会有部分调整。

四、服务体验蓝图

服务蓝图最早是由银行高管林恩·肖斯塔克（Lynn Shostack）于1982年在《哈佛商业评论》中提出。随着近年服务设计的发展和普及，它逐渐成为服务设计方法论中的核心应用工具。

本质上，服务蓝图是客户旅程图的拓展（图 3-4-4）。服务蓝图的交付形式是一张可视化图表，列出每个阶段发生的所有活动（由不同用户、触点、员工等开展的不同活动）。先在垂直轴上列出服务过程中涉及的所有参与者，并在水平轴上提供服务所需的所有步骤来构建服务蓝图。生成的矩阵可以表示每个角色在流程中需要执行的作业流，突出显示用户可以看到的动作（可见性线上方）以及在后台发生的动作（可视性线下方）。

图 3-4-4　服务蓝图

服务蓝图可以帮助企业检测现有服务质量，衡量服务执行过程中每一步是否达标；查找服务机会，找出现有服务流程中的痛点和可优化点；传达未来服务规划，向内部员工传达一项新服务的执行计划。

服务蓝图可实现多种用途，但通常用于以下用途：

了解服务：许多服务已经深深植根于企业文化中，以至于任何人都无法真正了解它的运行全貌。服务蓝图可以揭示现有服务过程中的难以察觉的后台运行流程。

检测并改善现有服务：通过详细了解原始服务，衡量服务执行过程中每一步是否达标，识别并消除或缓解痛点。

表达新服务概念：通过设计新服务的蓝图让客户落地服务概念前进行服务原型和测试。

传达服务规划：向内部员工传达一项新服务的执行计划。

服务设计的核心内容包含以下部分：

物理证据。这是您与客户互动的任何有形的东西，通常是与他们进行沟通的主要渠道。输入的内容包括：零售店、网站、APP等。

客户的行动：客户与所提供的服务互动所需要进行的任何事项。

前台交互：客户与服务触点直接发生的交互活动，如赠送礼品。

后台交互：客户没有直接经历，无法直接看到的内部活动，但是仍然需要内部进行的事项，如撰写广告内容。

支持动作：企业内部所需要的支持性工作，如财务管理、供应链管理等。它的创建过程如下：

第一步：确定要制定的服务流程。

第二步：确定客户群，不同的客户群可能有不同的需求和要求，服务过程会因细分而异。

第三步：了解流程各个步骤中客户的活动，描绘客户行为。值得注意的是客户行为会因为拆分颗粒度而不同，一般情况下只需要展示用户典型行为即可。

第四步：以用户直接互动的前台、后台触点出发，描绘需要提供的服务内容。在此过程中需要询问运营人员的信息，以全面了解和收集所有内容。

第五步：将客户行为、服务触点与支持功能相连，描绘运行关系和依赖关系。

第六步：在每个客户行为中添加服务的物理证据，这将突出客户在体验每个步骤中看到或收到的作为服务实质性证据的内容。

五、价值主张画布

"价值主张画布"最初是由亚历山大·奥斯特沃尔德（Alexander Osterwalder）博士开发的，旨在确保产品和市场之间的契合。价值主张让企业站在客户角度思考，提供产品或服务使顾客从互动关系中获取价值。例如爱比迎的价值主张是旅行者：通过当地房源的预定获得当地居住体验的共享房源预定平台。房主：通过闲置房源的租赁获得灵活收益的共享房源预定平台。价值主张画布是一个框架，可帮助设计师确保产品服务理念与市场之间保持契合（图3-4-5）。它详细介绍了客户群与价值主张之间的关系，重点介绍了所涉及的角色、痛点和收益，以及服务最终如何与该提议及其缓解和收益创造者相匹配。在项目实践应用中，它可以用于整合研究信息，视觉化成果，便于团队内部交流，用于对服务现状和设计概念的前后比较。价值主张画布是围绕两块构成的：描述对某一客户群客观理解的客户资料和描述为此类客户提供什么价值的价值主张。

客户资料：描述对某一客户群的客观理解。

收益：客户在完成工作过程中期望的必须的收益、期望的收益、渴望的收益及意外的收益。

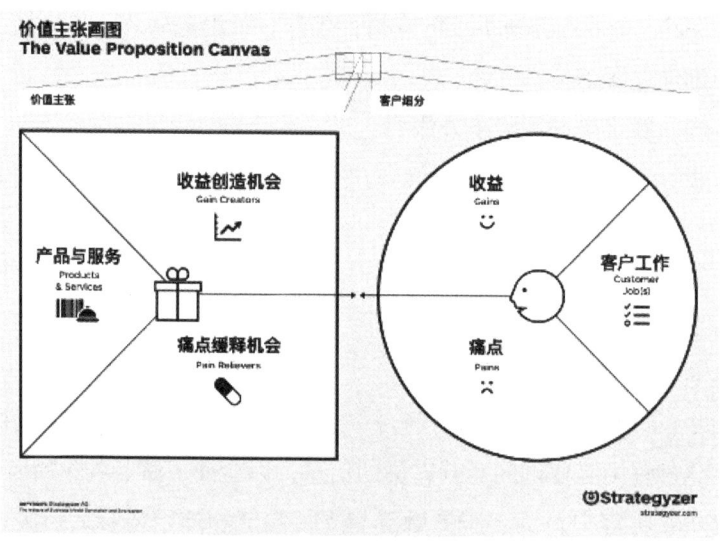

图 3-4-5 价值主张画图

痛点：客户在完成工作的过程中所经历的不想要的障碍及风险。

客户工作：客户要执行的功能型工作——完成工作或生活事项，社会型工作——客户要打造的社会形象，情感型工作——客户需要的特定情感依托。

价值图：描述哪些产品和服务能够帮助完成客户工作。

创造者：产品或服务如何创造客户收益以及如何为客户提供增值。

痛点缓释机会：对产品或服务如何减轻客户痛点。

产品和服务：可以帮助完成客户工作的产品和服务清单。

它的创建过程如下：

第一步：确定要针对的客户群体，因为每个客户群都有差异的工作、收益及痛点。

第二步：描述目标客户群体的工作。

第三步：描述痛点，以客户视角按层级度——一般的严重程度进行排序。

第四步：描述收益，以客户视角按必须的——最好能有的需求程度进行排序。

第五步：完成产品和服务清单，以客户视角按必要的——最好能有的需求程度进行排序。

第六步：完成痛点缓释机会，以客户视角按必须的——最好能有的需求程度进行排序。

第七步：描述产品及服务如何创造客户收益，以客户视角按必须的——最好能有的需求程度进行排序。

第八步：核对检查价值客户资料与价值图各部分的匹配程度，确定价值主张是否成立。

六、商业模式画布

商业模式是指为实现客户价值最大化，把能使企业运行的内外各要素整合起来，形成一个完整的高效率的具有独特核心竞争力的运行系统，并通过最优实现形式满足客户需求、实现客户价值，同时使系统达成持续赢利目标的整体解决方案。

亚历山大·奥斯特沃尔德（Alexander Osterwalder）根据他的较早的著作《商业模式本体论》提出了商业模式画图（图 3-4-6）。商业模式画布可以用作描述商业模式、可视化商业模式、评估商业模式，以及改变商业模式。通过系统性地呈现业务模型，它可以帮助企业制定组织战略，建立对业务运作的共同理解，让企业内部形成更好的协作。它是目前商业业务模式创新中最广泛和常用的工具之一。

它由 9 个核心部分组成：

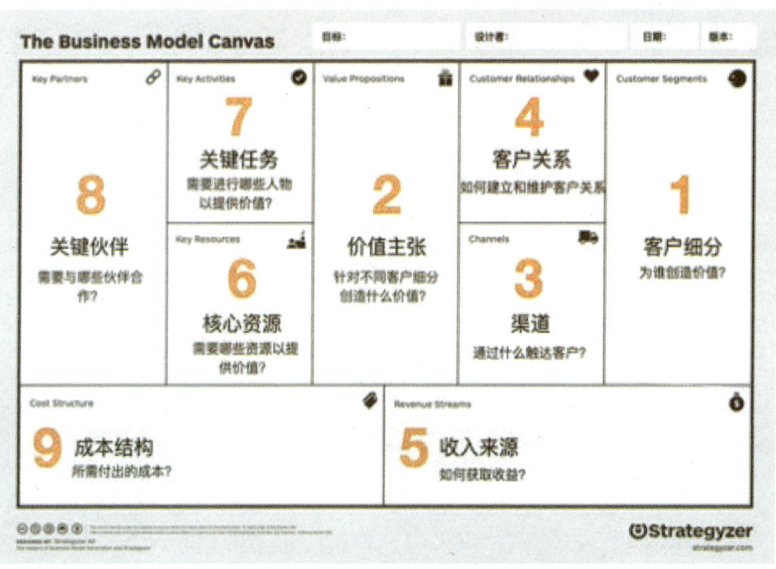

图 3-4-6　商业模式画图

客户概况：企业通过服务/产品要为其创造价值的目标人群。

价值主张：企业通过服务/产品为客户提供的价值，它是提高市场差异化竞争力的核心。

渠道：企业通过产品/服务有效地接触目标客户群的方式。

客户关系：企业吸引、维护客户所必须具有的交互和沟通渠道。

收入来源：企业获取经济利益的方式。

关键活动：企业为达成价值主张的战略性任务。

关键资源：企业需要实现业务模型和价值主张所需要的资源，包含技术资源、人力资源、知识资源等。

关键合作伙伴：关键合作伙伴是支持企业业务的外部人员和组织。合作伙伴、供应商和合资企业都属于这一领域。

成本结构：企业所需的整体财务费用。

它的创建过程是从：客户概况—价值主张—渠道—客户关系—收入来源—关键活动—关键资源—关键合作伙伴—成本结构。并最终核对收入来源和成本结构的正负比例，以确定商业价值角度的业务模式是否能够稳定成立和运营。

第四章
无障碍服务设计领先经验与实践

第一节　无障碍服务与智慧城市

据联合国预测，2050 年，世界三分之二的人口将生活在城市中，其中城市中的老龄化人群，疾病、残障人群的数量也会剧烈攀升。目前，各国政府、技术开发商都多年一直谈论"智慧城市"概念，其特定目标是尽可能可持续、高效地提供服务。物联网则是智慧城市的底层技术，目前我国物联网产业已达万亿元，正走向开放、规模化，5G 等新技术加速融合开启"万物智联"新时代，可以预见在接下来的几十年中，我们的城市将会更加智能，除了城市管理或交通控制系统，将有更多技术应用场景帮助城市高效运行，而背后城市积累的数据也将有助于政府机构更好地了解公民的生活习惯和需求，为每个城市公民提供更多的生活便利，甚至改变残疾人的生活。

一、出行预案——无障碍服务信息的采集与分发

（一）美国——Critical Design Lab "地图填图"

"地图填图"是由美国 Critical Design Lab 创建的研究项目，它旨在通过残疾群体和其他市民的集体力量来记录周围环境的特点。他们利用智慧城市的技术，将收集的数据和可视化信息转化为可以指导残疾人行动的工具。他们利用智能城市技术的优势，特别是城市中商业地点的地理定位，来共享信息。对无障碍地图的数字化打造的核心意图是通过互联网，用户生产内容数据能迅速上传给别的用户提供信息。在一些数字化地图中，服务提供方甚至允许用户建立私人账户，以个人名义发布自己的调查地点，并通过排行榜的形式向外传播。通过这样的激励机制，服务提供者希望看到更多用户的涌入，出现所谓的"智慧公民"，用信息的输出为数字化平台提供长期价值。即便该公民并非残疾人，也可能在日常生活中通过观察发现、记录经过地点的无障碍环境情况。但是这一设计也面临公众质疑，其中，部分残障用户认为从非残障者

的角度对无障碍服务和设施进行评估会因为其没有真实使用经验有失偏颇。

但从该领先实践可以得出，随着数字化水平的持续进步，数据是智慧城市的命脉，借由数据才能对城市规划和实时城市管理提供更明智的决策依据。而借由数字化服务对无障碍数据的采集将为智慧城市中的残障居民提供更友好的居住体验。

（二）美国——IBM Research 卡内基·梅隆大学机器人学院清水公司 "NavCog"

IBM Research 与卡内基·梅隆大学机器人学院和清水公司合作，共同开发了一个名为 NavCog 的移动导航应用服务（图 4-1-1），旨在为具有不同视力障碍的人提供室内导航指导，尤其是其不熟悉的区域，如不熟悉的建筑物内部、大学、机场、医院、公共交通中心等大型复杂场所。它于 2017 年首次推出，此后进行了许多改进。得益于 AI 和机器人技术的进步，该应用程序还为视障人士提供了自己的转弯路线版本。该程序将出行路线中的周围环境处理为 3D 空间模型并通过超声波传输到用户耳中。对于用户来说操作也相对简单，只需要通过语音搜索或索引选择目的地，在到达目的地之前，NavCog 会提供逐步的音频或震动反馈。未来在卡内基·梅隆大学跨 AI 和机器人技术的交叉应用下，将增加其他功能进入延伸导航公里，例如通过面部识别组件实时识别路人及路人情绪，通过人脸识别技术识别面孔上的情绪表现，让视障者经过路人时察觉他人的微笑或愤怒的即时表情成为可能。

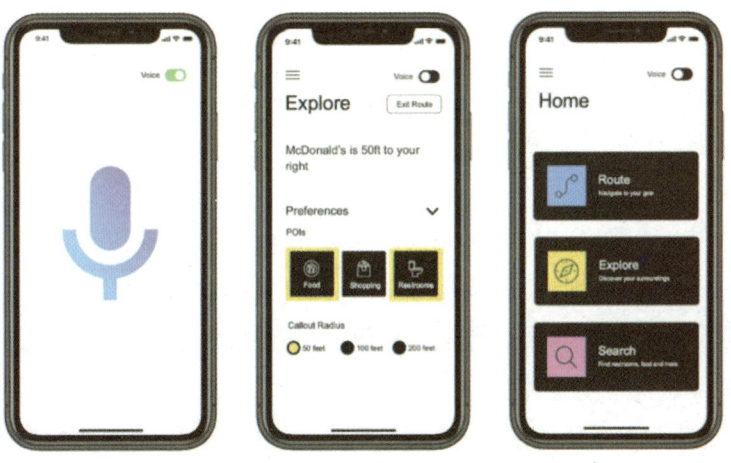

图 4-1-1　NavCog 使用页面示意图

（三）美国——谷歌"谷歌地图"

据谷歌地图调研数据指出，全球有 1.3 亿轮椅使用者和超过 3000 万美国使用楼梯有困难用户。这些用户平时常面对计划到达的地方没有无障碍设施设备，可能无法与家人坐在同一张桌子，也可能面对无法进入卫生间等窘境。针对该人群，谷歌在地图服务中针对轮椅出行用户推出操作十分便捷的残障出行辅助功能，只在移动应用程序的设置中激活"无障碍地点"选项后，谷歌地图将显示轮椅图标，并将显示有关无障碍座椅、卫生间和停车场的更多信息。现阶段并非在所有国家/地区都可以使用谷歌地图该功能。据谷歌地图统计，目前全球拥有超过 1500 万个左右的轮椅无障碍信息，该数据通过超过 1.2 亿本地向导和其他响应分享无障碍信息号召的谷歌地图使用用户提供。该数据从 2017 年以来已经翻倍，总共为谷歌地图提供了 5 亿条轮椅无障碍更新信息。

目前可在美国、日本、英国、澳大利亚等国家使用，但是列表在不断增加，谷歌地图服务的目标是在全球超过 5 亿个适应地点上搜集信息。

二、出行便利——辅助残障人士的无障碍导引

（一）中国——元光科技"车来了"

据交通部的统计数据，我国每天有 2.2 亿人次乘坐公交出行，在目前的出行服务中，公交仍是主流公共交通工具。随着"智慧交通"的深入发展，运用互联网＋技术的实时公交查询服务"车来了"APP 已经在全国 66 个城市上线，服务 4000 万用户（图 4-1-2）。该服务不仅为各城市广大市民提供更便捷的出行体验，同时也将视障者的特殊需求纳入考量，在部分城市已经正式上线导盲功能。在青岛无障碍合作项目中，"车来了"为视障人群开发的青岛——巴士公交导盲系统具备六大功能，包括预约服务、到站提醒、司机提示、车辆查询、寻音上车和线路收藏等功能。视障朋友循着自己手机的播报声可以获取信息了解自己公交到站点所需时长，实时了解公交行进情况，剩余所需等待时长和到站

图 4-1-2
车来了站点信息展示页面

情况,实现从获知信息、等待公交到成功上车的全程无障碍公交出行体验。

公交信息的数字化,不仅提高视障人士搭乘公交出行的使用体验,也将为公交系统积累乘客出行数据,通过实现车辆的精准调度节省部门开支。从该领先实践可以看出,无障碍智慧交通的实现将成为打造"智慧城市"的一个创新亮点。

(二)中国——"美团无障碍服务信息采集"

现阶段无障碍设施的主要搭建集中在公共服务及空间场所,导致残障者对于生活享受的地点选择十分受限。2020年中央美术学院无障碍服务实验室对残障用户的访谈中也发现生活半径的单一和狭窄是他们面对的普遍情况。互联网服务体验的更新与迭代基于大数据的采集与计算。在无障碍领域,对无障碍服务的采集与线上化呈现将极大程度提高残障者线下生活体验。

美团大众点评的"无障碍数据采集"项目在长期规划中,结合国际通行无障碍标准,推出无障碍生活服务榜单。此举将正向推动商户无障碍设施的完善与升级,不仅让残障用户享受便利生活,也帮助商户拓宽消费者创造双向价值。至此,数据驱动的价值从线上延展到线下,为残障人士实现全链路的数字生活新体验。该项目也得到上海市残疾人联合会、信息服务业行业协会等组织的大力支持。在商业端和政府端的合作下,实现残障人士美好生活图景将会由点到面,逐步实现。

(三)中国——深圳市交通运输局与深圳市残疾人联合会"无障碍出租车"

中国有1700多万视障者,对于视障群体来说,传统的出行服务不能满足绝大多数视障者的出行需求,在叫车出行时会遇到操作使用软件困难及沟通障碍等问题,如无法通过路边招出租车等。

在深圳市交通运输局与深圳市残疾人联合会主导下,率先投入营运服务100辆纯电动无障碍出租车,比亚迪M3改装纯电动车型(图4-1-3),新车续航里程360公里,电池续航里程最低保障标准为250公里。协调厂商对照国际标准匠心打磨上下车辅助电动踏板、折叠式轮椅坡板、轮

图4-1-3 无障碍出租车车辆延展坡道

椅固定装置、轮椅扶手、轮椅防滑控制开关、车门内置防侧撞安全保护杆等无障碍附属设施，充分考虑残障人士的用户体验，保障乘车便捷、安全。该无障碍出租车的优先服务对象是深圳市的残障人士、老年人、孕妇、病患者等行动不便、需借助轮椅出行的特殊人群。在满足特殊人群出行预约服务的情况下，也可作为普通出租车为市民提供服务。收费标准与市内其他巡游出租车一致。运营初期阶段，特殊人群可在用车前12小时至48小时内进行预约。另外，路遇无障碍出租车招手停靠，同样可获得优质出行服务。为了方便残疾人用户更好地完成出行预定，只需拨打"12385"或者通过微信公众号"深圳残疾人服务号"即可完成无障碍出租车用车预约。过去，残障人士乘坐出租车时，需要先请司机帮助折叠轮椅，将人扶上出租车，再将轮椅抬上车，耗时耗力，现在司机只需打开车后门，放下尾板，就可以直接将轮椅推上车。车内设置5条安全带，4条固定轮椅滚轴，1条安全带系在人身上，保证安全。

为提供更好的无障碍出行体验，深圳市交通运输局和市残联完善了无障碍出租车运营服务流程，制定了无障碍出租车服务规范及预约保障方案，并优化了企业考核及驾驶员激励方案。深圳所有无障碍出租车驾驶员上岗前均须接受专业培训，打造无障碍出租车服务深圳标准，确保为残障人士提供优质、便捷、高效的出行服务，使残障人士更自由、更便捷、更有尊严地出行。

通过"12385"电话预约流程十分便捷。用户通过拨打"12385"，转人工服务；向电召中心客服人员预约无障碍出租车，提供出发时间、出发地址、目的地、是否为残疾人、残疾人证证号、联系方式、是否使用轮椅等信息；预约成功，有关部门按预约时间和地点为乘客提供无障碍出租车服务。

微信公众号预约：用户需关注电召中心的微信公众号"深圳残疾人服务号"并绑定个人的残

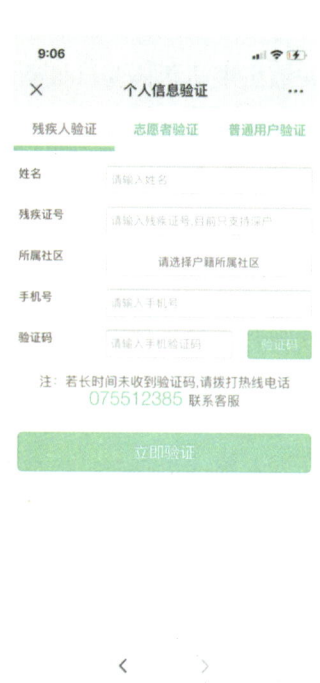

图 4-1-4　无障碍出行服务预约信息填写页面

疾人证证号；在"服务预约"选项点击"无障碍出行"图标，进入预约界面（图 4-1-4），填写相关预约信息进行预约；预约成功，有关部门按预约时间和地点为乘客提供无障碍出租车服务。

第二节　无障碍服务与生活休闲

一、无障碍的国内及境外旅行

（一）英国——"Traveleyes"

调查数据显示，视障人士有旅行意愿的比例为 67%，其中 32% 的人群认为旅游对他们来说很有意义。

Traveleyes 是 2019 年英国最佳无障碍旅行企业，由盲人企业家 Amar Latif 于 2004 年成立，是世界上第一家为盲人或弱视人群提供独立团体旅游的商业旅行社。视障旅行者不仅可通过登录 Traveleyes 官网了解服务，同时也可以通过下载特殊的语音旅行册，聆听细节更丰富的服务内容。该服务的目标是为盲人提供不需要家人或朋友陪伴的，有充分感官体验的旅行服务。旅行服务的每个旅行团队由 14 到 20 人组成，其中大约一半是盲人，另外一半则完全有视力。在旅行过程中他们将为盲人旅行者引导路程并介绍景点情况，他们的角色被定义为旅行向导而不是看护，作为回报，有视力的旅行者在购买旅行服务时享受高达 50% 的折扣。另外，旅行服务中的参访地点也由企业的专心团队（包含视障者专家）精心挑选，他们以激发多种感官体验为选择原则，会考虑到让旅行者得到充分独特多感官旅行体验。

Traveleyes 作为旅行领先践行者有两方面优势。其一，区别于大众旅行服务的旅行地点，提供给视障者多感官的旅行体验。其二，通过共游的形式，将视障者与正常视力者联动起来，促进群体融入和社会认知。

(二)中国——携程"无障碍旅游计划"

随着国内居民生活水平的提高,残疾人对精神生活有了更高的需求,靠媒体感知外界事物的方式已经远远不能满足他们的渴望。他们期望走出家门、地区,亲身体验外面的世界。旅游对他们既是拓展认知的方式,也是自我认同的机会。然而与健全人相比,与发达国家和地区残疾人相比,我国残疾人旅游活动少之又少,背后原因是旅游能力、优惠政策、志愿服务、无障碍缺失等。目前定制游是残障者出游的主要消费方式。携程平台中拥有国内外共1500多家供应商及5000多位出游定制师可提供私人定制服务。用户通过需求清单的提交,出游定制师将提供一对一的个性化服务。

二、无障碍的城市通勤

(一)中国——"滴滴出行无障碍专车"

残障人士的出行是最大的痛点场景之一,传统的出行服务沟通难、叫车难,导致残障用户难以独自出行,顺畅出行。滴滴作为全球最大的一站式出行平台,希望能够通过互联网平台服务为障碍群体解决出行叫车难、叫车沟通难等出行障碍问题,最大程度上为障碍群体提供优质的服务。

2017年,中国领先的出行服务平台滴滴出行与联合国开发计划署UNDP开展"联合国无障碍出行项目"合作,解决残障人士及老年人等特殊群体出行问题。无障碍专车服务在日本称为"福祉车",指行动不便人士的轮椅可直接方便上下的车辆,欧美称为"Wheelchair Accessible Vehicle"。其由硬件及软件组成,硬件上,车辆为商务车改装车,更加宽敞,并且座椅可伸出及下调至较低位置,帮助行动障碍者坐到座椅中(图4-2-1)。软件上,残障用户直接通过滴滴出行APP,点击预约按钮后,选择"更多服务"中的"无障碍专车"即可完成下单(图4-2-2)。与此同时,为给特殊人士提供更人性化的服务体验,项目计划为"无障碍专车"司机进行服务培训,包含如何正确使用车辆无障碍功能、了解残障人群心理状态及需求等。该服务帮助残障者能够有效地减少出行成本,增加独立出行的保障。

在北京的初步尝试后,2020年9月滴滴出行与中国盲人协会签订战略框架协议,持续深化无障碍出行服务,如持续优化APP信息无障碍功能,使视障群体通过语音读屏顺利完成目的地输入、下单、信息通知的整体流程。除了信息无障碍，滴滴在去年 9 月份上线了"无障碍出行服务"，首期将聚焦于携带导盲犬的视障用户，帮助用户顺利找车，顺利出行（图 4-2-3）。

图 4-2-1　改装后的滴滴无障碍专车

图 4-2-2　滴滴出行无障碍专车预约页面

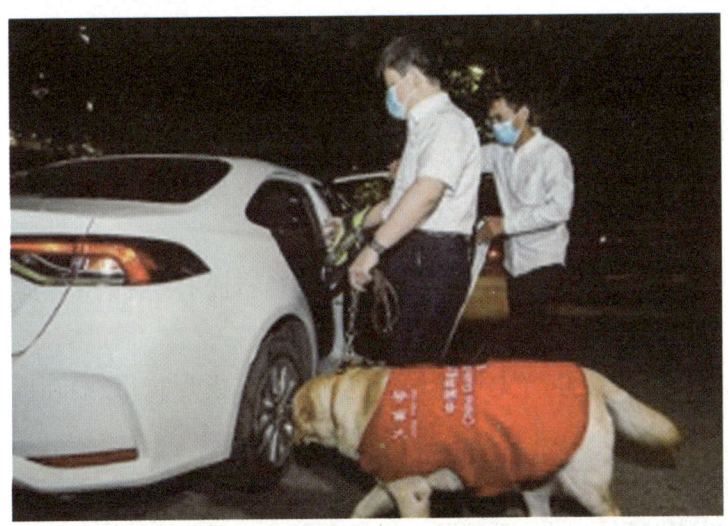

图 4-2-3
滴滴为携带导盲犬
用户提供出行服务

为了确保全国范围内所有携带导盲犬的用户都可以顺利乘车，滴滴已经与全国多家导盲犬基地合作。同时，滴滴会针对这些用户进行优先派单，并通过语音播报和短信等形式，提醒司机为携带导盲犬乘客、视障乘客提供必要的帮助。

滴滴作为 P2P 平台，司机为出行平台的核心资源，为了提升双方的平台使用体验，滴滴开放"无障碍服务"认证功能，滴滴司机可自愿进行身份认证，需承诺对视障用户不拒载并且提供一定协助。作为对司机的奖励，平台也设置情感积累的勋章体系和一定奖金。

除了服务上的优化以外，滴滴在技术层面也持续探索。在内部成立集产品、技术等跨部门团队进行信息无障碍专项开发，工作聚焦在通过对 Android 及 ios 系统的信息无障碍功能进行适配，实现 APP 内信息能通过读屏软件准确读取。除此之外，也与深圳市信息无障碍研究会深度合作，邀请视障工程师对产品进行测试。再由内部进行反复的测试和功能迭代工作，目前初步实现了滴滴 APP 主功能对主流手机系统自带读屏功能的适配。

滴滴出行在服务与技术上对残障人群出行场景的关注，将引导更多同行从业者的加入，共同推动出行无障碍的发展。

（二）美国——优步"UberWav"

国际知名出行交通服务提供商优步，在 2016 年 9 月被 Ruderman Family Foundation 认可为 18 家领先的残疾人支持公司之一。为乘客提供以下无障碍服务内容：

1. 无现金支付：通过无现金支付选项简化了支付流程，减少了乘客现金结账或与司机兑换账单麻烦。

2. 按需运输：通过 Uber 应用程序，只需按一下按钮，残障乘客就可以更轻松地从 A 到 B。

3. 前期定价：预先定价让乘客在出行前明确知晓出行成本，有助于消除欺诈风险。

4. 反歧视政策：自动将出行单与附近司机进行匹配，减少非法歧视和拒单可能。

5. 服务性动物政策：对于盲人或视力低下且可能携带服务性动物出行的乘客，优步社区准则和服务性动物政策要求司机遵守有关服务性动物运输的所有适用法律。

6. 分享预计到达时间与位置：乘客可一键分享他们的乘车细节，包括特定的路线和预计到达的时间，链接中包含司机姓名、照片和车辆信息，并实时跟踪驾驶员在地图上的位置，直到他们到达目的地为止，而无需下载 Uber 应用程序。

从 2016 年开始，优步在世界各地的城市（包括班加罗尔、波士顿、芝加哥、伦敦、洛杉矶、纽约、费城、旧金山、多伦多和华盛顿特区）提供"UberWav"的残疾人无障碍服务（图 4-2-4），目标用户为实用助行器、手杖、折叠轮椅或其他辅助装置的乘客。用户对该服务的支付价格与 UberX 相同，最初版本中，"UberWav"车型类似搭载电动轮椅的救护车辆，经过产品的迭代，汽车由小型货车改造。如有乘客投诉非法歧视问题或司机拒绝为残疾乘客提供接载服务，优步将进行调查，并可暂时停用相关司机的账号。与之相反，对于接单司机，Uber 提供了 10 美元的奖励。同时优步与美国社区交通协会进行合作，为无障碍车辆的司机提供服务培训，提高残障者的出行体验。

图 4-2-4　Uber 优步美国无障碍专车出行服务

优步除了在残障者出行体验的持续迭代之外，也积极探索为残障用户提供就业机会，为行动不便、聋哑或听障人士提供灵活的经济机会，开放通道允许具有合法驾驶能力的该类用户在平台申请优步工作机会。

三、无障碍的社区服务保障

（一）中国——"美团外卖"

互联网成为人们接受信息、了解服务的主要渠道，线上化的衣食住行文教娱都已经成红海，当代人已习惯通过高效率、低价格的互联网服务取代线下消费。而现在服务需求逐步紧缩。残障人士，如肢残、视障等群体由于障碍情况的不同，都存在线下生活的一定障碍，所以相较于正常人，残障人士对电子产品，无论是电子设备还是智能可佩戴产品，整体的需求度和依赖度更高。

CNNIC 发布的第 44 次《中国互联网络发展状况统计报告》显示，截至

2019年6月，中国网上外卖用户规模达4.21亿。另一份由美团发起面向视障者外卖服务体验抽样调查显示，87%的视障者曾使用过外卖服务，并且40%的视障者选择外卖作为解决三餐的主要方式之一，其中超70%的用户会选择手机APP来订外卖。

其中外卖服务就是视障者对线上需求依赖程度高的典型场景，但由于我国整体信息无障碍发展尚未成熟，目前外卖APP的无障碍体验仍然较差。视障者在使用APP应用时，常面临信息接收、搜索、选择上的不便。美团外卖作为外卖服务的龙头企业之一，与中国盲人协会进行深度合作，于2019年10月14日发布了面向视力障碍群体的视障版美团APP。该APP简化操作流程，用户可直接通过语音输入方式完成从寻找选择到下单全流程，并且在整体流程中，每次操作都会有震动反馈，提示视障者操作指令已完成。

除了外卖的初步合作尝试之外，美团也在2019年6月，与中国盲协达成战略，将探索未来在美团业务下车票、打车等其他业务的无障碍化迭代。

（二）美国——Merakey "Merakey IDD"

Merakey帮助有智力及发育障碍的人提高他们的能力和兴趣，使他们自给自足并过着日常生活。并且帮助个人在社区中找到有意义的角色，并让他们感受到作为社区成员的价值。提供以下服务内容：

1. 医疗过渡服务：被双重诊断出患有发育障碍和精神疾病以及可能同时患有其他疾病的个人提供以人为本、以康复为导向的整体支持。团队由理解智力障碍复杂性的专家帮助用户从住院设施过渡到基于社区的生活环境。每周7天、每天24小时提供服务，包括正常工作时间后的危机/随叫随到服务。

2. 生活保障服务：居住保障适用于独立生活但希望在日常生活活动中获得额外支持的智力和发育障碍人士。员工提供一对一的沟通支持，并确保个人的所有身体和行为健康需求得到满足。

3. 住宅服务：为智力和发育障碍人士提供集体生活。集体住宅位于许多不同的社区和街区，可以是独栋住宅、联排别墅或公寓。

4. 临时看护服务：为残疾人家庭提供短期、临时的生活照料服务。帮助照料者需要暂时性离开被照料的残障人士也可以获得临时护理。

5. 就业与培训服务：Merakey希望帮助用户在社区中找到工作来帮助他们真正融入社会。Merakey提供成人培训机构（ATF），一项专门针对智力和发育障碍（IDD）人士的日间计划。培训专家和工作教练将提供各种技能培训活动，帮助用户找到适合他们技能和兴趣的职位。

四、无障碍的游戏娱乐服务

互联网游戏世界是残障群体面临"数字鸿沟"的重要标志，游戏作为重要的生活娱乐途径，对残障者游戏体验的权利保证是社会关怀的重要标志。肢体障碍群体是最具有多样性的残障群体之一，这意味着肢体残障用户需要利用多数量多类编的辅助工具，才能实现对电脑、手机等复杂电子产品的操作，并且因为肢体残障状况的高度分散性，工具具体的规格差异较大，比如不同手指缺失的用户对鼠标需求的形态将发生巨大改变。微软作为互联网科技巨头，在技术创新和积累上早有领先，并在早期已退出包容性设计理念，将社会价值融入到企业发展中。微软 Xbox adaptive controller 即适应式手柄（图 4-2-5）是一套高拓展性的集成式控制系统，帮助肢体障碍者匹配适宜的操作方式。它是一套呈现科技感的控制装置，替代传统的 Xbox 手柄。Xbox adaptive controller 自带一些常见的辅具操控，控制器最上方有 19 个接口，用来连接不同的辅助工具，让它们代替传统 Xbox 手柄上的某一个按钮。因此不同的肢体残障人士可以结合自身情况与需求，定制化搭配一套完全符合个人操作的游戏"手柄"。

图 4-2-5 微软即适应式手柄

第三节 无障碍服务与文化艺术

一、艺术平权——艺术教育的无障碍服务

（一）美国 Vinfen——Gateway Arts

图 4-3-1　艺术指导针对性教授陶塑课程

Gateway Arts 最早是为几位残障成年人成立的日托服务，目前已拓展为拥有上百名成年残障艺术家的艺术服务机构，旨在为具有艺术才能的残疾人提供专业的艺术培训和职业发展服务（图 4-3-1）。该机构的员工包括接受过服务培训的专业艺术家和一些短期公益志愿者。

残障者们将每周在工作室中花费 6 个小时来创作艺术品，他们鼓励艺术家在工作室工作时探索多种艺术媒介，包括绘画、编织、陶器、珠宝、纤维艺术、写作、音乐、混合媒体和数字艺术。这些艺术的产出将会获得在当地画廊的展出机会。此外，该机构还拥有线上作品售卖服务，作品拥有者可获得 50% 的佣金。除了艺术创作的部分，该机构提供职业发展服务，以研讨会的形式为残障艺术家探索职业发展方向，分享实践技能，传输市场营销知识等。

除了个性化的艺术培训服务，Gateway Arts 还提供艺术郊游服务，组织艺术家们参观附近的当地美术馆、企业、公共机构等，并在过程中沟通交流。通过社群化的运营创造了参与者们高度的群体认同感和归属感。

Gateway Arts 艺术服务实践的亮点在于不仅将残障艺术停留在公益的层面，更创造了商业价值，提供了新的就业空间。另外 Gateway Arts 的视野不仅将服务停留在所在社区，它还致力于加强与不同地区甚至国家的艺术家之间的合作，让艺术作品能够走出社区，产生积极的社会影响。

（二）西班牙 NeuroDigital——"Touching Masterpieces"

几个世纪以来，艺术一直是连接历史、文化的媒介。而在当今的信息时代，盲人仍然被剥夺了各种形式的艺术鉴赏权利，数以百万计的人从没有"看过"艺术作品或接触过雕塑杰作。西班牙的 NeuroDigital 技术初创公司的使命是："通过虚拟现实等颠覆性技术改善生活质量。""Touching Masterpieces"（图 4-3-2）由布拉格几何博物馆和 NeuroDigital 与 Leontinka 基金会合作开发，借助虚拟现实（VR）和触觉反馈，视障者们不用戴耳机，而是戴上手套就可以接近和触摸到从未有过的著名艺术品。

"Avatar VR glove"（图 4-3-3）采用定制多频技术，通过刺激不同类型的

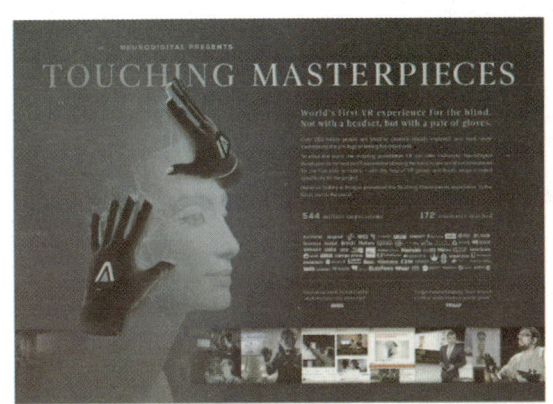

图 4-3-2
触摸大作宣传内容

图 4-3-3
Avatar VR 手套产品

皮肤细胞提供触觉反应向用户发送反馈，从而让视障人士感知3D对象。根据距离变换的振动质感和深度感，让用户可以自由真实地探索和亲身体验艺术品。目前博物馆内许多著名的艺术品被拍摄并用激光进行扫描，以创建高度详细的3D模型，包含《纳芙蒂蒂半身》《维纳斯米洛》《大卫》等雕像作品。

"Touching Masterpieces"的独特触觉体验开启了数字无障碍艺术体验的新阶段，让用户可以通过虚拟触觉来"看到"艺术。NeuroDigita未来目标是扩大覆盖面，可以为世界各地的博物馆和美术馆提供此解决方案，为世界各国的视障者们带来看到艺术的机会，并建立视障认知艺术的认知，让艺术平权。

（三）中国华为——StorySign

图4-3-4　华为StorySign故事讲解页

华为2018年在欧美市场推出了一款帮助聋人儿童读故事书的APP，叫做StorySign（图4-3-4）。打开APP、把相机对准配套的故事书，APP里就会有一个可爱活泼的动画角色Star把故事翻译成手语讲给小孩子看（目前仅支持英国手语和美国手语）。同时，也会显示对照的英文原文。华为采用了英文—手语对照的显示方式，这样在读故事的同时，方便已经会手语的小孩学习英文，也能让已经会英文但是手语不太熟练的小孩学习手语。甚至，没有听力障碍的小孩和大人也可以用它来拓展对手语的了解。唯一的限制是，这个APP只能和华为配套出版的故事书一起使用。但是，这恰恰展现了华为对听障用户的了解。手语和英语并不是一对一的关系，这是两种完全不一样的语言。如果想把"我爱吃芒果"这句话翻译成手语，并不是单纯的我—爱—吃—芒果四个手势这么简单，而是一套完全不一样的语言构成方式，每个国家的手语都是如此，不同国家的手语也是完全不同的语言。如果试图在英语—手语之间自动翻译，错误率会很高，而儿童学习语言用的故事书又不能容忍任何翻译错误，所以华为的这个做法，并不是因为想多卖书，而是切切实实为了听障儿童做出的考量。

(四)中国——讯飞听见"智慧语音转写课堂"

作为我国最大的语音技术上市公司,科大讯飞持续在智能语音技术上精耕细作,并且积极利用自身的技术能力,在服务于残疾人、老年人信息获取场景上持续探索,并取得显著的成效。2020年科大讯飞全球1024开发者节上,科大讯飞高级副总裁胡国平在演讲中表示,针对我国7200万的听障人士,讯飞听见APP和网站将提供终身免费转写服务。

自设立特殊教育学校以来,聋哑教育手语教学表达内容单一、手语交流易出现歧义等不足。针对以上状况,科大讯飞于2015年正式推出针对聋哑人教育场景的讯飞听见智慧语音转写课堂。通过在校园教室、会议室部署该智能会议系统(图4-3-5),教师授课内容可以实时转写成文字呈现在教室屏幕上,学生可以在课堂中直接看屏幕文字,帮助学生真正理解教学内容,提高了学生的学习质量和效率。提高教师授课效率。不仅如此,通过该数字化服务,教

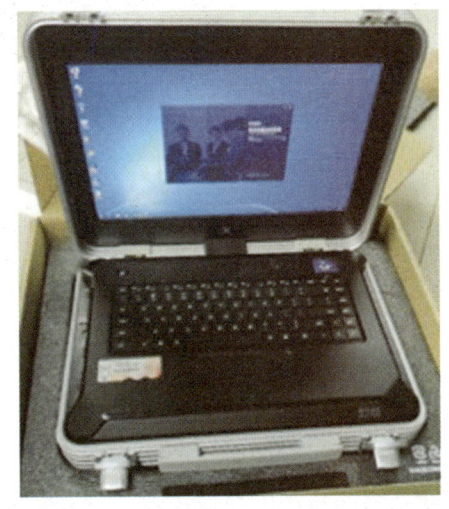

图4-3-5 讯飞听见智能会议系统硬件

师可以通过内容数据,在平台上快速整理教案,提升教师课堂教学质量,并且实现教学资源共享,公开课内容全程记录,帮助其他特殊教育或有听障者课程授教需求的教师提供强大的教学资源。对于学校管理而言,对内容的记录也便于校方进行课堂教学质量把控。不仅如此,讯飞听见系统还可实现网络教学、电视节目直播的实时字幕,方便听障群体便捷地获取信息、学习知识,为聋哑人教育更是提供了极大便利。

该智能系统在特殊教育学院和有听障学生需求的普通学院出现了显著需求,在讯飞听见发布一年内已经与北京联合大学、中国聋人网达成战略合作共识,并与南京特教、天津理工大学聋人工学院、北京联合大学、安徽省特殊教育中专学校、北京启喑实验学校、北京第一聋哑学校等国内多所知名学校进行深度沟通。

（五）中国——北京智力障碍者家长组织"融爱融乐"

2011年5月，北京15位智力障碍者家长为了改变孩子生活与发展现状，自发成立家长组织。2014年2月，融爱融乐正式注册成为民办非营利社会组织。倡导融合教育、社区生活和自我倡导，致力于为家长们提供各类培训和交流平台，为心智障碍者提供融合文体活动及支持性就业项目。该机构设计了中国第一个正规、零拒绝的社区文体娱乐项目——"快乐活动营"（图4-3-6），包含登山、徒步、排球、篮球等体育形式，让智力障碍孩子通过活动融合在一起，建立社交机会。通过娱乐活动提升他们的生活品质，让他们明白个体的独立性，他们也有属于自己的生活方式和选择。

图4-3-6 北京融爱融乐通州小组活动

从2016年起，在中国红十字会·华泰保险博爱基金的资助支持下，由北京市海淀区融爱融乐心智障碍者家庭支持中心发起、心智障碍者家长组织网络执行的快乐活动营活动达128场次、直接受益心智障碍者超过1300名，有超过5310人次志愿者参与项目活动当中。

让大量的心智障碍者体验到快乐活动营的趣味性，也让志愿者们在活动中了解心智障碍群体的现状，对社会责任感有了更深层的思考。该活动的广泛铺开会有利于社会认知的建立和有效传播。

（六）美国——天主教慈善机构"ESBVIC"

缅因州天主教慈善机构提供面向盲人和视力障碍儿童教育服务（ESBVIC）的一项全州服务，为0至21岁的盲人和视障儿童、他们的父母和学校工作人员提供免费的评估、指导和咨询。第一步是功能视力评估和对孩子学习现状审查，以告知团队视力障碍对学习的影响。

有视力障碍的儿童通常需要被有意识地教授没有视力障碍的儿童偶然学到的概念。团队将通过提供教学策略来协助家庭和教育团队。核心课程（ECC）作为评估学生、规划个人目标和提供指导的框架，该服务由扩展核心课程（ECC）驱动。ECC是视觉障碍学生由于其独特的残疾特定需求而需要的知识和技能体系。除了通识教育的核心学术课程外,视力障碍学生还需要扩展的核心课程包含:补偿性或功能性学术技能,包括沟通模式,方向和移动性(通过 DBVI 提供),社交互动技巧,独立生活技能,娱乐和休闲技能,职业教育,辅助技术的使用,感觉效率技能,自主、定向和移动性培训。其中定向和移动性培训帮助盲人或视障人士了解他们在太空中的位置以及他们想去的地方(定向)。它还有助于个人能够执行到达那里的计划(移动性)。定向和移动技能在婴儿期开始发展,从基本的身体意识和运动开始,并随着个人学习使他们能够高效、有效和安全地驾驭世界的技能而继续发展到成年。

二、兼容并包——公共艺术机构的无障碍保障

(一)美国——Moma 博物馆

每一位到馆的观众不论健康或疾病,都同等享有独立走进展厅,亲近艺术的权利。Moma 纽约现代艺术博物馆是世界最杰出的现代艺术收藏地之一,它不仅以"艺术"闻名世界,更以"友好"常被提及。"友好"正体现于 Moma 对完整细致的无障碍服务工作中。Moma 无障碍工作组由来自机构各部门的代表组成,包含有公益组织、政府、社会机构、多类残障类型代表等。这样跨职能的组织结构产生了两大核心优势。其一,让无障碍服务不再被统一和标准化,而更定制化覆盖到更多的残障类型。其二,让服务提供者不再局限于博物馆,而使更多基金会、公益人士参与其中。

针对不同的残障类型,博物馆的无障碍服务内容如下:

针对肢体障碍,完善无障碍基础设施并在地图中给予清晰设施展示。博物馆所有楼层均设有电梯,每个入口和设施都可以通过轮椅到达(图 4-3-7)。同时在博物馆入口处为肢残人士提供免费轮椅。

图 4-3-7
Moma 博物馆轮椅可入的观展空间

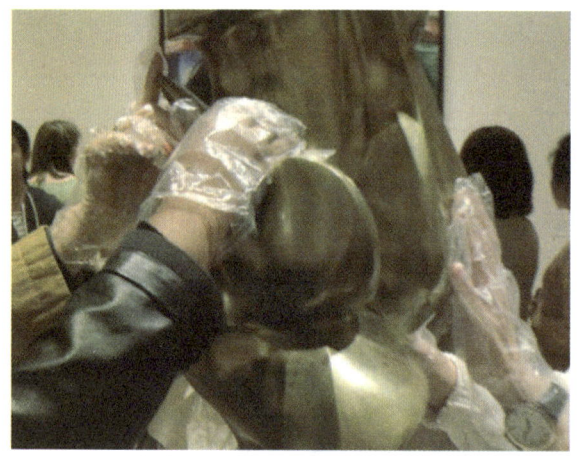

图 4-3-8　Moma 视障者触摸展品活动

图 4-3-9　Moma 博物馆听障手语艺术作品讲解

图 4-3-10　Moma 博物馆艺术创作活动

针对视力障碍，提供额外产品和服务。定期邀请受过专业培训的讲师对艺术品进行视觉化描述。另外视障者也可以选择参加博物馆的"触摸之旅"（图 4-3-8），在旅途过程中可以戴手套触摸收藏品中的雕塑，其中包括毕加索、马蒂斯等名家之作。除了服务的提供，游览者也可以通过 Moma 导览设备或 APP，聆听博物馆藏品故事。

针对听力障碍，提供额外产品和服务。每个月两次启动听障手语节目（图 4-3-9），节目将从招待会开始，然后是全程手语转移的画廊演讲。另外在平日也将为浏览者提供助听设备，这些设备与博物馆内所有音频设备兼容，将通过感应回路实时传输到助听器中。

针对智力障碍，提供额外服务。博物馆提供面向智障人士和其家庭的艺术创造活动（图 4-3-10），每个月的参加者都专注于不同的主题，在画廊中探索各种艺术品，并在教室中释放灵感创作艺术品。

Moma对无障碍环境服务的打造和持续优化，使得残障浏览者更高频地愿意参访这里，并形成了一个坚实稳定的社区。它不仅正向地提升了残障人士的浏览体验，更为提高社会对残障人士的认知提供助力。Moma在无障碍服务上的领先实践对国内文化服务提供商具有指导意义，对无障碍人群的服务需求不直接从设计层面进行解决，同时回归到无障碍服务用户类型的识别，对各种用户类型的需求进行拆分，而产出更具有针对性、落地性、实用性的服务流程，为各类残障人士提供更多的文化娱乐体验。

（二）中国——光明影院

中国传媒大学新闻传播学部与北京歌华有线电视网络股份有限公司、东方嘉影电视院线传媒股份公司共同推出针对视障人群观影体验的公益项目"光明影院"，旨在为视障者释读经典影片（图4-3-11）。

图4-3-11　第九届北京国际电影节"光明影院"公益放映活动

"无障碍电影"在电影基础上在对白和影像间隙增加故事画面解说、描述画面信息和画面细节，帮助视障者理解电影故事线和故事细节。在制作过程中，将画面表述得更精准更具象就显得尤其重要。据悉在"光明影院"项目的实际操作中，一部时长2小时的电影通常会涉及30多页的文稿撰写，需要长达2周的脚本打磨时间，完成脚本后再需要录音及后期制作，整体时长接近一个月。随着"光明影院"项目的推广和发展，获得越来越多的关注，逐步形成了专业的团队，将近103名师生志愿者参与无障碍电影讲解，1300余人次参与视障人士观影志愿服务也有了相关的志愿者资源，参与脚本的撰写、打磨及录制。团队也十分关注对体验的迭代和优化，放映结束后，团队都会做调查问卷，来收集放映过程中的体验问题。通过对问题的收集也发现，无障碍"光明影院"是观影服务0—1的一步，未来还需要1—100的发展，需要更多的影片类型，更丰富的观影方式等等，这也将为团队提出新的考验和前进方向。

作为"光明影院"的创始人，中国传媒大学新闻传播学部长高晓虹教授表示："我们特别希望'光明影院'能够改变中国电影的技术标准，以后中国的电影推出时，会有一个声道专门为盲人开设，真正使视障群体融入社会，融入文化和生活，共享改革开放的成果。"

在电影文化领域，著名导演贾樟柯受"光明影院"项目启发，在2019年两会期间，建议国家为无障碍电影立法、建设无障碍电影标准、减少对于无障碍电影的版权限制、完善电影院的无障碍观影设施，号召社会各界支持无障碍电影，来丰富残疾人的精神文化生活，使其能够享受正常人同样的生活乐趣。

（三）荷兰——"国立博物馆"

荷兰国立博物馆是荷兰境内最大的博物馆，于1800年首次对外开放，名称为"国家美术馆"，目前该博物馆位于阿姆斯特丹南部自治市镇的博物馆广场上。博物馆的藏品主要包括绘画和历史文物，拥有超过100万件收藏品和45万卷藏书，从1200年至2000年的全部收藏中，包括伦勃朗、弗兰斯·哈尔斯和约翰内斯·维米尔的一些杰作。馆藏丰富的博物馆对特殊人群的关怀十分友好，首先是对博物馆内容的自驱改善，通过对老年人、残障人士的行为进行访谈、问卷、影子跟随等研究方式，寻找改善方向。同时内部也增加针对特殊群体的员工培训，招募视障者联络员，并在网页上呈现残障人士联络员的工作邮箱，为残障来访者答疑解惑。另外在服务触点上进行信息无障碍优化，打造适用于残障人士浏览的网页。最后在服务内容上提供了针对不同年龄段、身体状况的互动导览。

细分残障人士，根据不同需求，完善展览设施设备，提供不同的服务内容：

1. 针对视力障碍人士

作为荷兰首家开展针对视障人士导览服务的博物馆，国家博物馆对视障者的服务内容逐步完善和成熟。每月定期为视障人士提供"我的声音，你的眼睛"主题导览服务。过程中会对单件展品用讲解方式进行说明介绍（图4-3-12），通过详细的丰富的文字去还原艺术展品的点滴细节。除此之外，博物馆还增加有多感官导览体验。如参观过程中，视障人士还可以戴上手套，亲手精选的文物，感受大小、细节等。这样，通过多感官的介入，极大程度地丰富了观展的体验。

另外，博物馆还与荷兰声学与视力基金会合作，打造荷兰国立博物馆建筑的固定式声学模型。通过声音与触觉相结合，不同区域拥有不同形状和材料，帮助视障人士用手在按比例缩小的博物馆模型上导航（图4-3-13）。如果戴上一旁的耳机，会立即听到所触摸的空间介绍，使得视障者能够独立确定自己的方位，更好地找到博物馆中各个重要设施的详细位置。博物馆方也在尝试将体验更往前一步，与荷兰声学与视力基金会合作，共同研发可携带的更轻便的博物馆内部楼层模型，使得视障者可以及时地对位置进行定位和导览。

图4-3-12 荷兰博物馆展品讲解服务

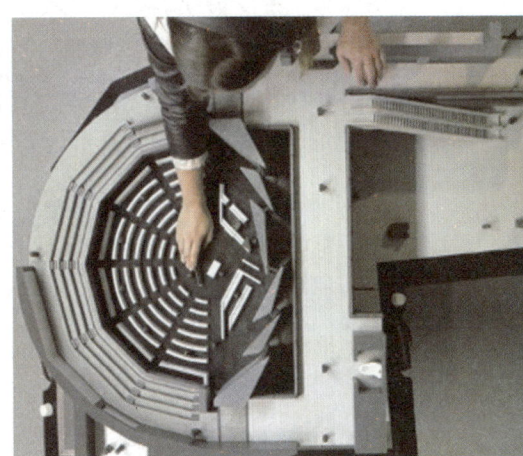

图4-3-13 荷兰博物馆导航模型产品

2. 针对听力障碍人士

线上触点博物馆官网中有邀请听障人群前来参观的手语视频，并提供预约报名平台。在馆内长期聘用听障讲解员，每月定期为听障观众提供手语讲解（图4-3-14）。

图 4-3-14　荷兰博物馆展品手语讲解服务

（四）英国——BBC "See Hear"

"See Hear"是面向英国聋人和听力障碍人士的每周杂志节目，它自 1981 年开始，至今仍在播出，使其成为有史以来播出时间最长的节目之一。

"See Hear"的开场标题，这是一个面向聋人社区的每周杂志节目，广泛报道社区、娱乐、教育和体育新闻。它完全使用手语、画外音和字幕进行广播，使听障和聋哑观众都可以观看。

在整个节目中以 BSL 呈现，配以英语配音和字幕的"See Hear"是 BBC Two 为英国聋人和听力障碍人士开设的杂志节目。"See Hear"是聋人社区的拥护者，弘扬聋人文化，庆祝聋人取得的成就。内容涵盖了与聋人社区和聋人文化相关的广泛主题，聋人的社会生活，杰出的聋人，聋人历史回顾等。

第四节　无障碍服务与辅助工具

一、重见光明——视力无障碍辅助工具

（一）丹麦——"Be My Eyes"

"Be My Eyes"的故事始于2012年，当时丹麦的家具工匠Hans Jørgen Wiberg患有视力障碍。通过在"丹麦视障者协会"的工作，他认识到盲人或弱视人士通常需要一点帮助来解决日常任务。一个盲人朋友告诉他，他可以使用视频通话让家人帮助他完成这些任务，他才有了"成为我的眼睛"的想法。

"Be My Eyes"是一个免费的应用程序（图4-4-1），可通过实时视频技术将视障者和人群基数极大的志愿者网络建立联系，以提供视觉帮助，如识别物体、颜色、找东西、读文件等，使用户不必依赖于朋友和家人处理日常任务。

"我希望通过成为一个在线社区互相帮助，Be My Eyes将对全世界盲人的日常生活产生重大影响。"——Be My Eyes创始人Hans Jørgen Wiberg

2015年1月15日，"Be My Eyes"应用针对ios发布，该应用在24小时内拥有1万多名用户，目前已超过200万名志愿者报名参加，成为目前视障者人群的最大在线社区，也是成为目前世界上最大的微型志愿服务平台。2017年12月，"Be My Eyes"被选为2017年Google Play最佳应用；"最具创新力""最佳日常助手"和"最佳隐藏宝石"，并于2018年5月获得"Be My Eyes"的"最佳无障碍使用奖"。

图4-4-1　"Be My Eyes"帮助者页面

显而易见,"Be My Eyes"成为最成功的无障碍服务之一,它的创新之处正在于通过互联网平台,将那些愿意提供帮助的志愿者和有即时需求的用户联结,架起了一座跨国家跨地域的桥梁,为 200 万视障者带来了非专业的温暖帮助。

(二)中国——"华为小艾助视器"

在我国 1700 多万视障人群中,没有光感、有微弱的光感、矫正视力低于 0.05 等特征的一级盲用户占比为 85%,剩下 15% 的低视力人群则需要借助如助视器、放大镜等辅助工具才能识别文字与浏览图片。目前在助视器市场上,种类较多但普遍售价均较高,部分产品由于重量、形态等问题导致携带较为不便,在残障用户出行场景中造成较大困扰。

作为中国领先技术公司——华为,由内部技术与市场部门的共同协助下,聚焦低视力者阅读场景推出针对低视力者的助视线上数字服务——小艾助视器 APP,旨在为用户免除携带额外工具的负担,通过手机即可完成助视器的所有功能,且功能使用更加全面、流畅及人性化。核心功能为通过提供目标图案及文字的对比度,提高阅读清晰度。通过对目标图文进行拍摄的方法,采用华为 HiAI 技术进行文字识别,通过内置神经处理单元(NPU)更快速、精准地识别文字以及图像。

小艾助视器 APP 交互设计中同样体现了对视障者的人性化考虑,其主页面功能简捷,只有"常用模式"与"图库"两个功能模块,常用模式通过后置摄像头进行画面采集,通过内置的正常模式、彩色增强、黑底白字、白底黑字、负片模式、蓝底黄字和黄底蓝字 7 种图像处理模式对图像进行清晰化处理。在未来规划中,"小艾帮帮"将计划针对不同年龄、不同视力状况人群设计多种助视 APP。除人群之外,不同使用场景也将纳入考量,如针对青少年的上课场景,增设远景模式以及放大增强功能满足低视力学生阅读教师板书等需求;针对中老年独自阅读场景,增加手机固定工具,应对老年人群肢体控制需求。

除了针对低视力的软硬件服务之外,面对视障者遇到紧急问题无法第一时间得到帮助的情况,小艾又推出"小艾帮帮"线上助盲服务,为视障群体提供长期的日常生活帮助。目前注册软件的视障人士接近 5000 人,而志愿者人数已达 3 万人。与丹麦的"Be My Eyes"功能类似,联结志愿者为视障人士生活服务提供帮助。目前可以设置自己方便提供帮助的时间段，碎片化的志愿时间让志愿服务成本极度降低，也让更多人能够加入志愿者服务队伍，利用自身碎片化的休息时间帮助视障者解决日常生活中遇到的不便。通过简单的快速求助，视障人士不必依赖或等待亲友来完成生活日常，在照料者不在身旁时，用户只需打开软件"小艾帮帮"，点击按钮就能连接志愿者获得视频指引帮助，可以帮助的内容不但包括识别物体、找东西、读信，还可以引导路线等。

具体操作步骤如下：

第一步：进入"小艾帮帮"官方网站或者扫描二维码进行下载。

第二步：点击"注册账号"，根据自身情况选"我是视障人群"或者"我是视力正常的志愿者"进行注册。

第三步：当视障人群需要帮助时，点击按钮即可寻求志愿者帮助，志愿者会受到"小艾帮帮"的帮助通知，点击进行视频通话就能进行交流。

第四步：志愿者完成帮助后，点击"断开连接"。

在对"小艾帮帮"的志愿者访谈中了解到，这种实时帮助与交流不仅是视障群体的刚需，也同样是对志愿者真实了解视障者生活状态，理解他们的需求的难以替代的经历。

（三）美国——谷歌"Lookout"

2018年谷歌推出一个新软件服务Lookout，其目标是通过Lookout和AI技术为世界上近2.53亿盲人或视力障碍者的生活提供更多独立性。它采用了与Google Lens类似的基础技术，只需手机朝向目标方位即可搜索周围的物体并对其采取识别（图4-4-2、图4-4-3），无需点击应用内的任何其他按钮，保证用户可以专注当下。Lookout提供四种服务场景模式，包含家庭、工作与娱乐、扫描或实验，Lookout能自动识别当前对着的物体，并反馈给使用者。如选择"家庭"模式，应用会协助你完成日常事务，包括告诉你沙发、洗碗机在哪。具体提醒形式方面，系统会提示如"沙发3点钟方向""在你的右手边"等。当你选择工作模式，APP会告知电梯位置等。目前该APP已经可以识别大量产品信息，比如在美国受欢迎的泰国辣酱品牌，甚至可以正确读取英国超级市场的香料。但部分形状不规则的容器上的效果不佳。该服务主要目的是让用户了解身边的事物，不会对用户进行信息量轰炸。因此，该应用将只

图 4-4-2　谷歌 lookout 物品识别页面

图 4-4-3　谷歌 lookout 文字识别页面

会描述最重要的项目。当用户想让它停止描述的时候，只需用手遮住其摄像头，或者敲击它一下。

随着越来越多的人使用这款应用，谷歌表示通过深度机器学习，将沉淀更多行为标准，帮助系统在未来将能做出更多提醒，帮助视障人士更好地了解身边的环境。

（四）美国——微软"HoloLens"

微软 HoloLens 是一款头戴式增强现实全息设备（图 4-4-4），使用摄像头和车载计算机来了解周围的世界，识别物体并构建周围环境的数字地图，过

图 4-4-4　微软 HoloLens 硬件产品

去应用场景主要集中于信息显示和游戏沉浸。但日前，加州理工学院研究人员开始尝试通过它帮助视障者进行行动引导。通过实施环境数据的捕捉和指令集合，HoloLens 可以根据周围环境条件，定制前进路线并在过程中提供语音引导。通过使用对象识别，它甚至可以告诉他们扶手位置。除了精确方向指示，系统还会为物体分配某些噪音。例如，人距离墙面过近，有碰撞风险时，系统将发出嘶嘶声，另外用户也可选择单个目标物体，例如沙发，它可以通过语音引导帮助用户前往目标物体，以音量来标示距离远近。佩戴者还可以扫描周围的环境，并且耳机在每次转动时都会说出周围的环境。

根据研究人员发布视频显示，在 HoloLens 协助下，携带盲杖的视障者能够驾驭复杂路线行动，沿着走廊行走、拐弯、上楼梯并到达正确的房间，并且过程中没有任何碰撞。与之相反，仅使用助行器的被测对象花费了八倍的时间。随着研究团队对应用场景的深入探索，未来也计划进一步尝试与视障团队进行深度合作，通过视障者的测试，累计真实数据，优化算法，使得对物体的识别、路线定制算法更加精准。面对我国部分地区盲道占用、无障碍出行设施未全覆盖等情况，通过此类设备成为视障者未来可替代的出行解决方案。

在"HoloLens&Project Tokyo"项目中，聚焦视障者出行中的他人交互场景，机器学习专家开发一系列计算机视觉算法以识别周围环境中各类人的相关信息。其中一个模型用于识别人物是谁，通过音频信息告知用户检测环境中人的名字，该模型需要设备中已储藏相关人物图像信息。另一个模型用于识别用户姿态，并计算与用户的相对位置和距离，比如，在用户左侧一米远处检测到朋友 A，用户左耳将听到咔嗒声，听起来像是来自左侧一米远处。用户想知道这个人是谁，一个嗡嗡的音效会将用户的视线引向 A 所在的方位。当 HoloLens 的中央摄像头对准了 A 的脸部，用户会听到一个尖锐的咔嗒声提示用户已经面朝 A 了。如果系统识别出了 A，就会为用户念出 A 的名字。

二、顺畅沟通——听力无障碍辅助工具

（一）美国——Interp.me

"盲是人跟物的相隔，聋是人跟人的相隔。与盲相比，聋的问题比盲的问

题更加深刻、复杂。因为它意味着失去了最有活力的刺激来源，即一种带来语言、激活思想、能使我们与人相伴的声音。"——美国盲聋作家海伦·凯勒

不管是日常生活还是工作就业，手语翻译都对聋人极为重要。但Interp.me创立者Gilad发现，购买或使用手语翻译服务的听障者却不多。经研究发现，目前在美国手语翻译服务界面临的两大问题：首先是时间上，手语翻译服务预约时间过长。然后是收费过高，至少花费为300美金。

CEO Gilad受上文"Be My Eyes"启发，决定尝试一款可以让聋人用户"一键求助"的应用软件。用户有两种类型：听障者和手语翻译师。根据听障者自己的场景需求，Interp.me把用户关系从需要多方联络确认简化为"用户—翻译者"单向模式，让服务信息能够更流畅传输，服务响应也更加及时。通过实时视频，用户不仅可以清楚地看清翻译的手势，还可以阅读他们的唇语。工具设计者在服务中也加入了服务评价机制。通过评估系统，形成了一定的专业翻译门槛，保证更高品质的手语翻译服务。

相较于"Be My Eyes"，Interp.me有相对稳定的商业模式。目前在美国刚上线的服务收费标准为1分钟1美金。但针对听障者目前的生存状况和收入水平，Interp.me也将为失业、低收入聋哑人群体提供免费的版本。最终，通过商业与公益的结合，既为需求人群带来了切实的福利也为服务的可持续性提供保障。

（二）聆通助听

2017年中国残疾性听力障碍人士约为7200万，而对助听器技术的应用不到5%。

7200万听力障碍者有不同程度的听力损失，都有不同程度的助听需求，而只有5%的听障者配置有助听器，远低于美国14%的配置率。在全球整体助听设备市场中，由于授话器、芯片等主要零部件的稀缺，主要被丹麦奥迪康、瑞士SONOVA、丹麦唯听、丹麦瑞声达、美国斯达克、德国西万拓六大品牌垄断，单幅助听器价格在2—3万元区间，另外附加8000元的收音器。在国内市场，高端产品基本被海外品牌垄断，低端市场产品的整体使用体验较差。较高体验的高价格和较低价格的低实用性使得国内助听器使用的普及率低下。

聆通助听通过核心技术优势——自主研发的专利AI语音处理算法打破

技术垄断（图 4-4-5），利用自主研发专利与算法配用通用芯片，降低产品成本。聆通助听 APP 具备测听和助听两大功能。在测听功能中，通过单频率声音检测用户在不同频率的听力状况生成听力图，并根据听力表现定制化生成助听解决方案，因此用户对门店需求较低，为用户节省线下门店验配时间，也为企业节省线下门店运营成本。在助听功能中，用户只需要普通耳机与手机连接即可以实现最高 80dB 听损的助听效果。另外在场景化助听设置上也进行深化，搭载室内、对话、看电视三类场景进行快速选择。用户根据个人需求与习惯，录制环境噪声和自我声音，匹配助听效果。

图 4-4-5　聆通助听核心技术优势

具体操作步骤如下：

第一步：点击主界面的"听力文件"部分，按照"十分钟自助完成听力测试"的指导，完成听力测试，得到听力曲线。

第二步：回到主界面，点击"助听按钮"即可打开助听功能。同时，可通过音量调节按钮将助听音量调整到你感觉舒适的程度。

第三步：更多功能可以让您根据使用习惯进行调整：

（1）切换麦克风：可以通过点击以下图示按钮，选择不同的收音麦克风；

（2）根据使用环境选择场景和降噪程度。

通过技术研发的专利，聆通助听打破技术垄断和高价格垄断，每月收费仅为 20 元，为听障用户大大降低生活压力。随着 APP 的落地和完善，未来聆通助听还将持续与硬件厂商合作，探索更高适配性和美观性的蓝牙助听器，让助听器既实用又时尚。

(三)韩国——Fountain Studio、JC HAM 和 Boseon Kwon "Hearingbot"

我们经常看到助听犬帮助那些可能有听力困难的人,但助听犬存在一些问题,首先费用较高,也需要投入较大的资源对助听犬进行培养和训练。导致其无法成为每个听障者可以接受的解决方案。智能语音是目前科技市场的主流热门,韩国设计师 Fountain Studio、JC HAM 和 Boseon Kwon 结合智能语音技术设计概念机器人+智能家居系统"Hearingbot"(图 4-4-6),旨在填补空白,成为听力障碍人士的生活替代解决方案。它通过运动传感器阅读并解释聋人的手语,协助与他们的沟通交流。并将其投射到投影仪中。通过这些过程,帮助聋人和普通人轻松自然地对话。

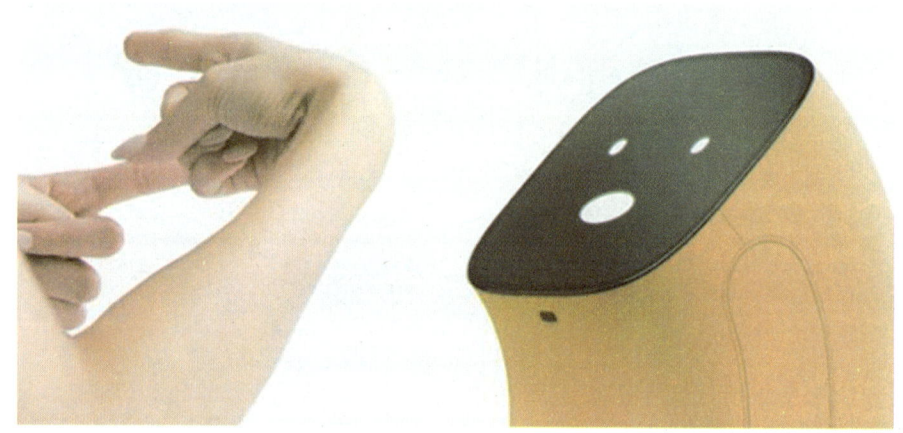

图 4-4-6 Hearingbot 人工智能机器人

"Hearingbot"的人工智能机器人配备了一个集成的智能家居系统,可以全天无缝可靠地使用。其中一个组件是听力时钟,它会通过振动唤醒你,智能家居系统会为你拉开窗帘。一个很酷的功能是手势识别,它使依赖手语的人可以轻松交流。机器人可以识别标志并使用扬声器和字幕与用户交流。并且它可以与不同的产品配对,例如,借助听力机器人来管理菜肴的烹饪状态和时间表,听力受损的人便可以单独烹饪和准备菜肴。它还与智能手表同步,使你随时了解实时信息、危险情况,以及是否有人在按门铃。

机器人底部有三个轮子、一个防跌落传感器和一个通风孔,如果主体电池电量不足,机器人将自行返回充电。"Hearingbot"还使用最少的图形面部表情进行交流,这是一个简单的设计细节,使产品更加击中用户心意,并允许用户与其形成情感纽带。

如此先进科技的探索实践向我们展示可以利用更多的工具、技术来帮助需要以不同方式体验世界的障碍人群，让他们的生活可以无"障碍"。

三、防止走失——精确定位服务的无障碍辅助工具

平安云 backey 是由高厚智能科技有限公司研发的全球首个集智能精准定位、SOS 一键报警和老人跌倒报警功能为一体的智能穿戴设备（图 4-4-7）。目标用户群体为失智老人、残障人士及孩童等，防止以上群体走失、迷路等情况。通过 GPS 和北斗定位系统，可以实现用户位置的精准定位，为用户家人快速高效地锁定丢失人员位置。用户通过安装 APP，定位器与收集连接后，只要有网络覆盖的区域，就能实时获取位置信息，并且可设定监护人与被监护人的报警范围，当超过范围（通常为 50 米），APP 将自动推送报警信息，发送地理坐标等。除了拥有人员定位功能以外，设备中搭载有多轴跌倒触警传感器，佩戴者如发生跌倒等情况，设备将会自动报警并将相关位置信息发送至监护人手中。

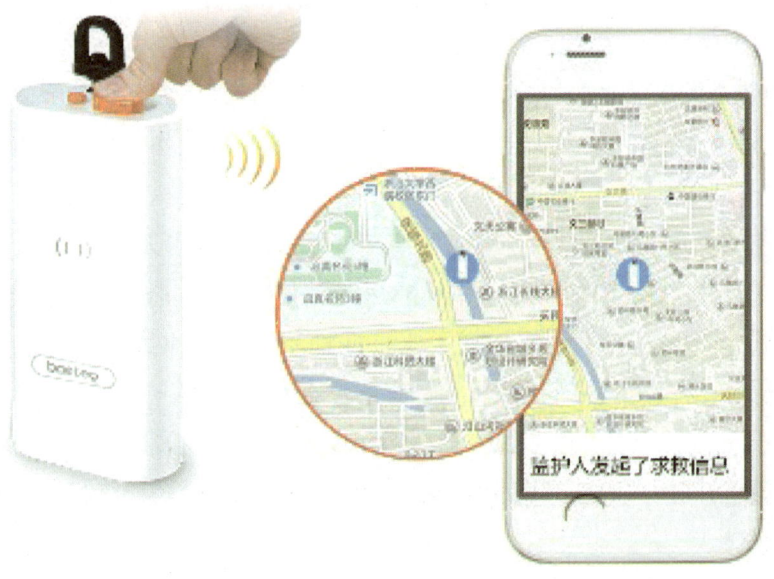

图 4-4-7　平安云 backey 产品硬件及配套软件报警服务

除此之外，平安云还积极拓展服务使用场景，提供线上日常助盲服务，让志愿者可以在网上远程为盲人提供在线服务。例如，帮助盲人识别照片信息、找东西等。通过帮扶任务的完成，助盲志愿者将收到系统给予的公益积分，积分可用其兑换物质奖励，如残疾人的手工艺品等。让正常人和视障者能够平等交流，实现价值互换。

四、个人护理——肢体无障碍服务的辅助工具

（一）美国——谷歌"Liftware"

谷歌旗下的生命科学公司Verily，于2013年就发布了Liftware steady版（防抖功能，适用于轻至中度手抖）和level版（水平仪功能，适用于动作幅度较大的肢体行动障碍）自带强劲防抖功能，是方便手部不灵活的人吃饭用的餐具的两个版本。针对因帕金森症、手抖症、渐冻症、脑麻痹、脊髓损伤、中风后遗症等各种原因，变得手部不再灵敏等残障人群，即时生活中吃饭、洗漱、清洁等日常行为，将变得十分困难，甚至直接影响该人群的自我价值认知。为保证日常行动的独立完成，谷歌Liftware通过防抖工具帮助障碍群体在完成进食等任务时的困难和尴尬，保证个人独立。同时结合用户多样化的生活习惯，Liftware支持两种勺子、叉子和叉勺总共四种不同的配件。

（二）中国——中国南方航空公司官网

随着全民生活水平的持续提升，视力障碍、读写障碍、行动障碍人群都希望能够享受平等参与社会活动，结合旅游、跨地区工作等需求，出行的无障碍需求日益增加。

"视障者有1700多万，听障者有2700万，读写障碍人士约7000万，合计占中国人口数的20%以上。而有63%的视障者认为互联网的价值非常大，互联网的普及在一定程度上改变了他们的生活或命运，网络信息的获取对于他们改善自身生活状况、融入社会具有重要的作用。"[①]

由于航空公司网站信息量大、文字密集、购票流程复杂等特点，导致盲人用户在访问网页时遇到困难较多，无法自助完成网站购票流程，转而求助他人网络购票。

---

① 数据来源：2016《中国互联网视障用户基本情况报告》。

中国南方航空公司（以下简称"南航"）作为中国最大的航空公司之一，积极履行社会责任，全方位为不同人群打造优秀的出行体验。南航针对残障人群需求，对网站进行无障碍化建设和迭代，并于 2017 年 12 月上线，目前已包含有信息浏览、购票等主要功能。作为首家上线无障碍网站服务的国内航空公司，对无障碍网站进行持续深耕，对一些更细分功能也在进行无障碍优化，如里程兑换免票、会员管理等为特殊旅客群体提供更多便捷的、个性化的满意服务功能在 2018 年底上线。南航团队内部在设计研发无障碍网站时，充分调研特殊群体的使用需求，并在研发测试过程中多次邀请盲人用户进行体验和反馈，实现真正从用户视角出发，完成产品的打磨和提升。

网站设计了多种无障碍内容浏览的辅助工具，包含：

（1）为视弱用户提供字体、页面放大、缩小功能。字体最小缩小到 25%，最大放大到 500%。

（2）为色弱用户提供高对比度浏览模式。为色弱用户提供蓝底黄字、黄底黑字、黑底黄字、白底黑字。

（3）为斜视用户提供浏览辅助线功能。为斜视用户提供十字光标，辅助浏览大篇幅的问题时不串行。

（4）针对网站内容提供全文朗读和即指即读功能。提供"即指即读"全文朗读、连读、焦点朗读等功能，语速快慢可调节。

（5）针对网站内容提供屏幕放大镜、简繁转换、拼音标注功能。提供屏幕局部文字放大功能，同时会跟随即指即读和全文朗读进行同步显示，同时提供拼音标注、繁体简体互相转换功能。

（6）辅助工具提供键盘快捷键控制功能。

第五节 无障碍服务设计方向

一、服务信息可得性

随着我国经济发展进入新常态，互联网的普及一定程度改变了残障用户的生活。信息获取是服务购买，使用服务的起点。所有用户在不同时间和不同情况下获取信息的能力会受到以下因素的影响。首先是位置，他们可能在迷失的路上；其次是健康，他们看不见，或者听不见，或者手臂缺失；然后是设备，他们可能由于经济条件，使用的手机不是智能手机。在种种因素下，都要求信息的传递是顺畅易触达的。因为信息获取是服务使用的起点，是他们平等参与社会活动，获取社会状态的最重要元素。

服务信息类型分为两类，首先是线上渠道信息，即数字信息。其次是线下渠道信息，即实体信息。实体信息要求是易于阅读并且能方便传播到手中。对于视障者来说实体信息需要带有盲文的符号，对于肢残者的实体信息应可以独立拿取。数字信息要求移动互联网、互联网平台的信息有较高的访问性。针对信息无障碍工作，中国互联网协会信息无障碍工作委员会在京成立，腾讯公司、阿里巴巴集团、百度公司、小米科技有限责任公司、科大讯飞股份有限公司、深圳市信息无障碍研究会等五十多家成员单位，全面推进中国信息无障碍公益行动，加强技术服务体系建设，针对政务网站、公共服务类网站、商业网站以公益的方式开展网站信息无障碍建设工作（表4-5-1），目前政务服务中信息易获取程度有了显著提升。

表 4-5-1　各企业及组织无障碍工作开展情况

企业	产品	动作
腾讯	手机 QQ	让视障者"看"到表情包
	微信	让沟通无障碍，生活无界限
	QQ 浏览器	"搜索无障碍"的优化之路
	QQ 音乐	无障碍化适配，让音乐无界
	QQ 空间	"无障碍 AI 技术"对外开放项目
阿里巴巴	淘宝	从移动到智能，无障碍技术逐步升级
	支付宝	"听"支付宝的无障碍体验提升之路
	钉钉	首个进行无障碍优化的移动办公平台
百度	百度阅读	助力推动阅读领域无障碍优化
	百度搜索	"搜索＋资讯"无障碍建设之路
	百度地图	只为让他们无忧出行
	百度公益平台	线上公益的无障碍体验
随手记	随手记	让所有人都能够无障碍记账
鹏华 A 加钱包	鹏华 A 加钱包	助力障碍群体无障碍理财
今日头条	今日头条	资讯先行，看世界无障碍
滴滴	滴滴出行	全力打造无障碍出行服务
科大讯飞	科大讯飞	用智能语音推动信息无障碍
华为	华为手机	人文之光照进科技，信息无障碍实践
OPPO	OPPO 手机	移动智能终端无障碍建设的实施者
小米	小米手机	让科技带来美好生活
中国移动	中国移动直播	让直播更简单
中国民航消费者事务中心	中国民航消费者事务中心网站	民航业内首家实现无障碍服务网站
中国南方航空公司	中国南方航空网站	首家中国民航上线无障碍网站服务
深圳气象局	深圳气象局	提供便民服务，实现网络信息获取无障碍
中国盲文出版社	口述映像	用心聆"听"影视文化

数据来源：《中国信息无障碍实践案例汇编》，中国信息通信研究院、深圳市信息无障碍研究会。

二、服务反馈即时性

服务本质上是无形的，有时候服务会发生在人们不知情的情况下。比如对于购买了保险，保期内没有出险的用户，服务感知就会持续低下，并易导致用户产生"没有享用服务""不划算""亏大了"的想法。

服务设计中需要把用户与无形的服务的交互结果予以可视化、有形化地呈现，建立并触发持续积极的用户服务记忆和情感联系。如此可延长并增强客户对他们所接受服务的感知。

在无障碍服务设计中，有形化的服务证据可以帮助加深服务使用记忆，促使用户能够更积极地再次使用服务并提升服务口碑。具体有形化的设计内容还应根据具体的残障类型进行调整。比如针对盲人的有形化服务更多要考虑在触感方面进行设计。

三、服务内容针对性

服务的根本目的是要满足用户的需求，对于残疾人来说服务内容有针对性尤其重要。首先不同的残疾类型有不同的需求，不能一概而论。身体不同部分的状况都意味着不同的场景和需求，例如不同的服务期望、日常行为、生活习惯、社交状态等。另外不同的残疾程度的服务要求也不同。只有有针对性地拆分残障类型，进行独立且深入的探索，才能让设计者认真倾听了解那些难以发现的、潜在的不同人群的需求，使得最终满足需求、有价值的服务设计方案的真正落地。

四、服务流程连续性

服务是由一连串彼此相关的具体行动组合而成，而服务设计需要设计者将用户旅程完整梳理和呈现，在宏观的整体架构下，单点的体验十分重要，各触点的形式、内容、互动关系都是体验旅程的一部分，再依据流程对单个触点逐步设计。在无障碍服务的现状中，常出现有服务触点割裂的情况，面向残障者的单个触点的体验断链将可能导致视障者无法真正使用体验，从而影响服务真正使用状态，例如对于视障者来说，盲道的某一段的消失，就意味着整条路径的消失。

五、服务迭代共创性

我国目前现阶段的无障碍事业中,也可见此"共创"趋势。盲协、聋协均与各大商业积极沟通,探索合作机会,签署战略合作协议。首先是服务前,为服务提供商提供残障人士资源,作为需求的输出方,帮助企业倾听用户需求,打造服务用户期望的服务内容。其次是服务中与用户的共创,美团大众点评发起的"无障碍数据采集"邀请残障人士作为无障碍数据采集员,让他们成为服务的打造者,也成为服务的设计者。最后是服务后,邀请残障人士作为服务现状的诊断者,提出问题和要求,帮助企业进行服务的无障碍化优化。

第五章
中国无障碍服务设计探索

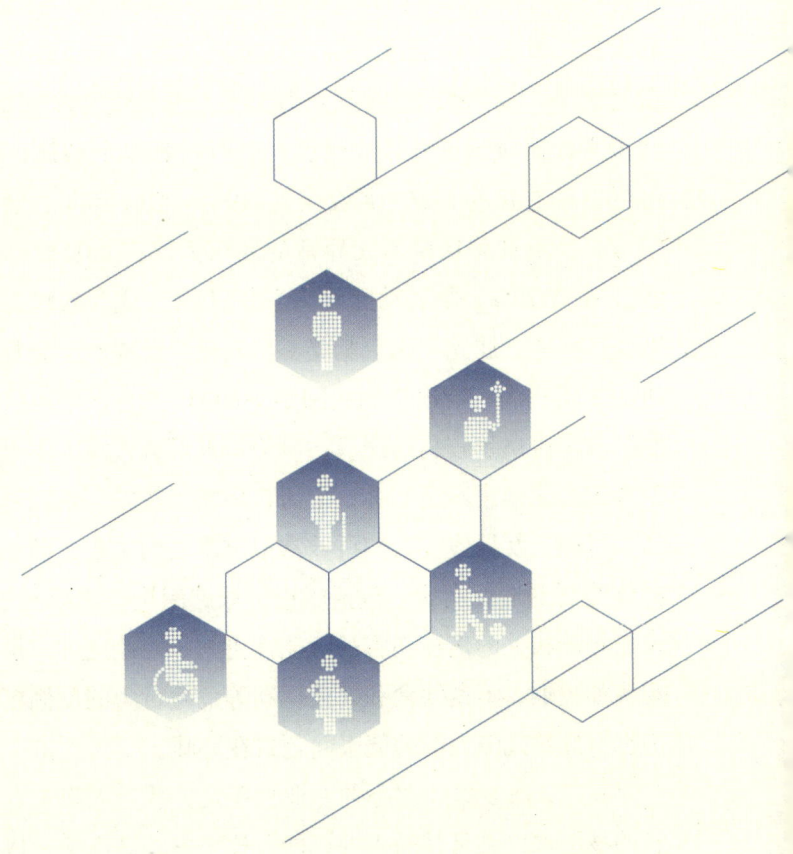

第一节 中国残障人群面对的挑战

一、健康风险

当前我国残疾人医疗卫生服务主要问题之一，就是残疾人经济较为困难，较社会平均水平而言较低，对服务的支付能力有限，健康卫生服务成为家庭的首要支出负担，而且残障群体的健康需求更多更高的卫生保障。据最近一项对具有严重精神障碍的人群的调查显示，在发达国家中35%—50%的人群，及发展中国家76%—85%的人群在该项研究开展前的一年中未接受过治疗。回看我国，根据上海市《上海市残疾人健康状况评估报告》区域性报告数据显示，近九成残疾人患有一种以上疾病，健康状况不容乐观。报告中对上海市93267名残疾人2011—2014年间的健康体检数据进行了系统分析，发现体检结果无异常的残疾人仅占0.02%。高血压占43.84%、脂肪肝占37.70%、眼底动脉硬化占30.19%，成为残疾人群体最普遍的疾病，咽炎、痔疮、屈光不正、肥胖、白内障、肝囊肿、脊柱侧弯等影响残疾人健康的主要疾病，检出率均达到了10.00%以上。据评估团队推测，高血压、脂肪肝等患病率较高的疾病，可能与大部分残疾人不愿或无法参与社会活动而导致的运动量不足有关；生活自理能力较差、难以进行有效的个人卫生清洁，可能是女性残疾人妇科异常检出率高的主要原因。所以可以预见，残疾群体受到继发性疾病（包括压疮、尿路感染、骨质疏松症和疼痛）、合并症及与年龄相关的病症伤害的可能性更大。除此之外，据研究显示，残疾人出现诸如吸烟、不良饮食和缺乏运动等危险行为的比例更高。这些健康风险行为都将导致残障人群的健康问题迫在眉睫。

其二，康复医疗服务的专业性不足，残疾人报告发现卫生保健服务提供者的技能难以满足其需求的可能性比正常人高出两倍以上，并且受到不良待遇的可能性要高出四倍，被拒绝医治的可能性甚至高出将近三倍。

其三，医疗服务的便捷性不够，（医院、卫生中心）建筑物的出入情况不一、难以使用的医疗设备、标识不清、狭窄的走道、内设台阶、厕所设施不够完备和使用不便的停车区域对卫生保健设施带来了障碍。例如，行动不便的女性时常由于检查台的高度无法调整以及乳腺照相设备仅适用于能够站立的女性而无法获得乳腺癌和宫颈癌检查。

其四，对健康知识的普及不够，缺乏健康促进和预防教育的宣传和普及，未能及时引起残障群体重视和关注。

根据现有情况，国务院于2017年2月7日发布《残疾预防和残疾人康复条例》，保障残障人士进行基本健康保障和功能康复，让残障者能够更好更充分地参与社会生活。条例中首次以法律法规形式明确了国家、组织、公民在残障人健康保障中的工作责任，为残障人士有效参与社会生活保驾护航。据条例规定：

（一）低龄残疾幼儿的免费康复服务

根据第二次全国残疾人抽样调查显示，在整体人口占比上，我国有0—6岁残疾儿童约167.8万人，占残疾人总数的2.02%。在服务需求占比上，我国0—17岁残疾儿童医疗服务与救助需求为67.72%，但接受过医疗服务与救助的残疾儿童仅占27.92%；残疾儿童康复训练与服务需求为49.64%，但接受过康复训练与服务的残疾儿童仅占10.46%；残疾儿童辅助器具需求为16.29%，但接受过辅助器具的残疾儿童仅占4.15%。

由需求与使用率的对比可见，残疾儿童、青少年康复需求的缺口仍然较大。该项具有普惠意义的福利制度将针对六大残疾人群类型，包含视力、听力、言语、肢体、智力等残疾儿童和孤独症儿童，制度将予以他们免费得到手术、辅助器具、相关康复训练服务的权益。通过该条例的建立，有效地保障了其未来生活，对残疾儿童康复事业具有里程碑意义。

（二）完善重度残障人士康复护理及经济补贴制度

重度残疾由于严重丧失自理能力，无法自主活动，普遍存在医疗负担重、康复和护理需求迫切、贫困程度重等问题，是残疾人中特殊困难的群体。为帮助重度残疾人和贫困残疾人减轻康复负担，针对重度残疾人迫切需要的康复护理和辅具配置两大需求，通过重点康复项目为城乡贫困残疾人、重度残疾人提供基本康复服务，按照国家有关规定对基本型辅助器具配置给予补贴，该项政策将提高重度残疾人个人生活保障及重度残疾家庭的整体生活质量。

（三）加强对相关医疗康复机构监督与管理

截至2017年底，全国已有残疾人康复机构8334个，其中，提供视力残疾康复服务的机构1194个，提供听力言语残疾康复服务的机构1417个，提供肢体残疾康复服务的机构3088个，提供智力残疾康复服务的机构2659个，提供精神残疾康复服务的机构1695个，提供孤独症儿童康复服务的机构1611个，提供辅助器具服务的机构1866个。

残疾人康复服务机构是为各类残障人士，通过医疗康复方式，提供临床诊断、康复制定及实施等康复服务内容。近年来，我国康复机构建设从无到有，目前正处于快速推进阶段。但由于发展时间较短，目前机构建设和管理标准仍不健全，缺乏有效监督。

（四）强化康复领域专业人才培养

2017年康复机构在岗人员达24.6万人，其中，管理人员3.1万人，专业技术人员16.5万人，其他人员5.0万人。2018年残疾人康复服务机构在岗人员为25.0万人，2019年在岗人员达26.4万人，其中，管理人员2.9万人，专业技术人员19.0万人，其他人员4.5万。[①]

康复事业的重要资源为人力资源，康复治疗师作为服务的直接提供者，将直接决定服务质量和未来服务范围。国外主要发达国家每10万人口拥有康复治疗师30—70人，但我国残疾人康复建设起步较晚，专业从业人员严重匮乏，国内每10万人口拥有康复治疗师尚不足1人。条例规定县级以上人民政府卫生和计划生育、教育等有关部门应当将残疾预防和残疾人康复知识、技能纳入卫生和计划生育、教育等相关专业技术人员的继续教育，将支持高等学校、职业学校设置残疾预防、康复相关课程与专业为残障康复事业输送更多专业人才，为残疾人享有安全、有效、品质的康复服务提供必要条件。

（五）残疾人纳入基本医疗保障范围

在基本医疗保险方面，条例明确，各级人民政府应当按照社会保险的有

---

① 资料来源：2017年中国残疾人事业发展统计公报，2018年中国残疾人事业发展统计公报。

关规定将残疾人纳入基本医疗保险范围,对纳入基本医疗保险支付范围的医疗康复费用予以支付。在医疗救助方面,充分考虑残疾人特殊困难,规定"按照医疗救助的有关规定,对家庭经济困难的残疾人参加基本医疗保险给予补贴,并对经基本医疗保险、大病保险和其他补充医疗保险支付医疗费用后仍有困难的给予医疗救助"。[①]

部分残疾人由于身体和病理状态,较其他人群需要更多的医疗服务资源。通过基本医疗保障制度的建立,将对残疾人的康复保障服务提供有力支持,有助于完善残疾康复事业。

(六)全面延伸残疾预防工作

我国正处于人口老龄化、城市化、工业化的发展进程中。在残障领域,除了对人群生活保障的支撑和康复医疗的助力,对残障的预防工作是一大重点。后天性残疾如慢性病、精神障碍、意外伤害等导致残疾的风险在显著增加,进一步采取措施加大残疾预防工作力度十分紧迫和必要。措施从生命周期理念出发,对婴儿出生前后期、幼儿期、成年期、老年期等不同阶段采取针对性预防措施,有助于建立起持续的残疾防控体系。卫生和计划生育主管部门在开展孕前和孕产期保健、产前筛查、产前诊断以及新生儿疾病筛查,传染病、地方病、慢性病、精神疾病等防控,心理保健指导等工作时,应当做好残疾预防工作,针对遗传、疾病、药物等致残因素,采取相应措施消除或者降低致残风险,加强临床早期康复介入,减少残疾的发生。

二、教育困难

残疾人对教育的需求要远高于健全人,教育不仅是职业发展的底层技能的培养,更是为确立正确人生态度和生活价值起到重要作用。同时对残障教育的投入并不应该视为社会的"负担",而是通过帮助残疾人更好融入社会生活和工作完成他们对社会价值的反向输出。但由于我国地区经济发展水平差异较大,各地方政府对残疾人教育的重视程度不一,导致我国不同地区间残疾人教育水平差异巨大。据残联《中国残联残疾人教育仍面临五大问题》显示,我国部分地区认为残疾人基数较少而忽视残疾人教育,

---

① 资料来源:2017年《残疾预防和残疾人康复条例》。

将残疾人教育当作额外任务而不是核心工作。教育经费的短缺也直接导致了教育水平的滞后,在我国中西部地区,义务教育特教学校尤显不足,无法满足当地农村儿童的入学需求,导致这些地区的农村残障儿童入学比率整体较低。除了义务教育阶段,高中和高等教育特殊教育资源也严重不均匀,部分地区仍存在于被普通高校拒收。对残疾人教育的目标不能只是在脱离"文盲状态",只停留在基础文化知识的传授,而忽略更高认知能力、学术能力、表达能力、心理健康的发展。另外,对特殊教育从业者的培养是需要提升的源头,目前特教师资水平和教育质量仍然不足,在全国特教学校专任教师中,特教专业毕业和进修过特教专业的教师只占50%,直接导致高中阶段和高等特教专业师资的匮乏。残障人教育涉及的不仅是地区政府的具体落实,还需要针对特殊教育特殊性制定特殊教育学校生均公用经费标准、教职工编制标准、特教教师职业资格证书制度等相关政策,以保障针对残障教育从政策、制度、体系到落地能形成闭环,对实现残障人教育的公平性、可及性全面增强。

三、婚恋困难

结婚自由是公民的宪法权利。每个公民都享有婚姻自由权。《我国残疾人婚姻家庭现状及主要需求研究》中显示,通过对2006年第二次全国残疾人抽样调查的数据结果进行分析后发现,与健全人相比,残疾人存在结婚率低、离婚率高、丧偶率高、结婚难、初婚时间晚等问题。但这些问题却鲜被提及。

据《城市残疾人婚恋问题研究》显示,残疾人在婚恋过程中面临最大的困难是身体缺陷造成的行动不便以及所产生的自卑心理,现阶段他们对于提高自身社会参与能力、社交能力和住房保障有比较迫切的要求。残障人群自身的内部因素如经济状况、生理状况、心理状况以及社会外部因素,如社会认知等都对残疾人的婚恋造成了或多或少的影响。

(一)自身内部因素

首先由于生理缺陷会给残疾人的生活带来一定的不便,丧失很多参与社会活动的机会,导致社交范围都受到较大限制。同时,当今社会的婚恋观越来越现实,择偶标准越来越高,不管从整体形象方面还是自我价值与社会价值的创造方面，残疾人都处于劣势，他们在婚恋市场中选择与被选择的机会都相对较少，使残疾人婚恋的成功率下降。另外由于对残障人士的社会认知仍处于待提升阶段，导致残疾人在生理上的缺陷常被歧视和排斥，使得他们更易产生一定的心理问题如自卑心理、自闭心理等。这些负面的心理状态也会影响他们的婚姻观。另外，残疾人的就业情况因为处于市场竞争中的劣势地位，使得个人经济收入远低于社会平均水平，对于家庭组建所需要负担的婚恋成本，恋爱和婚姻也越发困难。

（二）外部内部因素

我国在 2008 年 7 月 1 日起施行的《中华人民共和国残疾人保障法》明确在教育、工作、生活方面禁止歧视残疾人。但社会歧视仍没有完全消除，致使大量的残疾人被排斥于主流社会的婚姻家庭之外。据调查显示，有七成以上的健全人不愿意和残疾人谈恋爱，虽然随着社会的发展，有一部分健全人愿意接受对方为残疾人，但更大的阻碍来源于健全人的父母。

四、就业困难

自 1990 年 12 月 28 日全国人民代表大会常务委员会颁布《中华人民共和国残疾人保障法》以来，我国政府对残疾人就业问题日益关注。随着我国整体经济水平、科技的发展，残障人士的就业情况得到一定改善。《2013 年度中国残疾人状况及小康进程监测报告》显示，在 2013 年度，劳动年龄段能够生活自理的城镇残疾人就业比例为 37.3%，农村为 47.3%。2013 年度，城镇残疾人登记失业率为 10.8%，比上年度的 9.2% 上升了 1.6 个百分点。

《我国残疾人就业及其影响因素分析》显示，当前残疾人的就业率只是健全人的一半左右，平均工资也只有健全人的一半左右；在未解决温饱问题的绝对贫困人口中，约有 42% 为残疾人，在相对贫困人口中，残疾人约占 1/3。

目前社会就业形势严峻。虽然我国整体经济和精神文明发展成果已经取得显著成果，但如今在职场竞争中，残疾人始终处于劣势地位，就业层次也比较低并呈现出职场歧视、社会排斥、沟通成本高等诸多问题。这些问题都导致用人单位对残障员工的招聘十分保守。虽然我国有明确法规要求用人单位的残疾人就业比例不得低于 1.5%，但部分企业对此法规选择忽略甚至选择交纳残疾人就业保障金。这既是缺乏承担社会责任的表现，也是对残障人士的职业化技能缺乏深度认知。相对而言，阿里作为中国互联网公司巨头表现出对社会责任的勇敢承担，截至2019年底，阿里的CCO"云客服"免费培训，已为1万多名残疾人提供了就业岗位，为他们的未来生活提供了新可能。

残疾人就业情况是我国政府和各组织需要关注和不断解决的问题。它不仅需要残疾人个人，也需要企业、国家组织的协作配合，通过就业技能培训，企业的专项专岗，国家的政策保障来协同优化目前的就业服务状况，以实现就业市场真正的"无障碍"。

五、心理健康

随着无障碍的兴起，党和政府高度重视对残疾人生活水平提升和社会设施的改良，不断推动向更高水平的发展。显然，近年来残疾人生存发展状况已经得到明显改善，尤其是在基础生活方面有了明显提高。但针对残障人群的心理问题诊疗服务体系还尚未完善，如何从生理问题解决到心理问题的层层递进工作，仍是我国政府机构和各组织需要面临的巨大挑战。

根据《残疾的心理社会问题》研究，以北京博爱医院调查的截瘫患者为例，在就诊住院理疗期间，伤残者的负面情绪将会出现以下症状：

睡眠时间混乱，夜晚入睡难易早醒。

泌尿系统异常，尿频尿不尽等。

肢体血液循环差，手脚冰冷易寒。

无法久坐，焦虑烦闷。

消极厌世，对未来缺乏希望感。

手脚麻木并伴有刺痛感。

因各种感官疼痛而积攒苦恼。

更容易紧张和着急。

感觉容易衰弱和疲倦。

呼吸异常困难。

残障人群，因生理受损而更容易有心理障碍，尤其是后天造成的残疾与先天性残疾有较多区别，由库伯勒-罗斯提出的"悲伤五阶段模型"（表5-1-1），将心理发展过程分为五个阶段即：拒绝、愤怒、讨价还价、沮丧、接受。

表 5-1-1　悲伤五阶段模型

第一阶段	拒绝期	患者在事故发生后否定事情的发生："这些都是假的"
第二阶段	愤怒期	患者意识事实发生后，感到愤怒和命运的不公："为什么是我？这不公平！"
第三阶段	沮丧期	患者在过程中持续地感到悲伤、遗憾、恐惧："人生没有意义"
第四阶段	依赖期	患者将人生意义短暂地寄托在其他事物中寻求慰藉："下辈子就好了"
第五阶段	接受期	患者在康复过程调节自己并找到了对应办法或对应策略："会没事的""都过去了"

残障人士对自我认知的不确定，过重的心理负担，使他们更易产生强烈的自卑感、孤独感、焦虑和抑郁情绪。但心理问题并不只是自身因素的影响，同样还会受社会认知的影响，尤其是目前在社会观念里还存在残疾人"惨""可怜""悲剧""完了"的固有印象；当然除了抱有怜悯的认知，也有一些更极端的情况即把残疾人看作是"社会包袱"。这些最终都会导致心理问题的产生和加剧，也会反向投射到他们的社会表现，难以调整心态面向社会，甚至丧失与其他人发生互动的信心与想法，而最终导致残疾人群缺乏社会参与感，群体意识，形成较为孤僻的性格。

因此，相关康复诊疗、心理咨询机构的介入迫在眉睫。近年，虽然城市社区服务和部分地区社区扶助工作已经开展，但大多数城镇的社区服务还在建立和完善之中，有些工作只停留在表面上，或解决了衣食住行看似"最必需"的问题。残疾人心理疏导工作机制尚需完善，服务内容也尚需专业输入和积极开展。

第二节　中国视力障碍人群理解与服务探索

一、中国视力障碍者生活现状

我国有全世界最大的视障者群体，中国是世界上人口最多的国家，同时也是残疾人口最多的国家，这其中视力障碍者1700多万，约占全世界盲人人口的18%。

视力残疾受年龄、地区、医疗保健水平、文化程度、经济状况、环境因素和性别等因素的影响。年龄与视力损害的相关性最强，随着年龄的增加，盲和低视力患病率都在增加。0—19岁时，单纯视力残疾的患病率≤0.10%。50岁以后，单纯视力残疾患病率增加明显（50—54岁年龄组为0.84%）。同时在不同的年龄，主要的致盲因素也不相同。在40—69岁时，青光眼是致盲的主要原因，70岁以上年龄组白内障是致盲的主要原因。

（一）数字化的生活影响

因为视力的丧失，意味着个体不能像普通个体一般通过视觉通道感知信息，《2018年视障用户资讯研究报告》显示，90%的视障人士表示互联网是生活中不可或缺的一部分。报告指出，视障网民手机上网主要用于聊天、社交、网购、音乐、生活服务。74%盲人上网是为了社交，他们的在线社交主要是为了获取生活资讯、维护拓展社会关系以及休闲。此外，视障者的在线社交行为丰富多彩，除了基本的聊天、浏览、语音视频通话功能，还会通过在线讨论、点赞评论、转发、收发红包等行为进行互动，他们同时也是视障交流垂直社交论坛的常客。由此可见，随着互联网在我国的快速发展，视障者的生活得到极大影响和改变，他们的生活因为互联网便捷的特点正将个人生活向线上化转移。

对于普通人来讲，科技可能使生活更便捷，它是这样一个结果，一个目标，那么对于视障人来讲，有了电脑的读屏软件，我们可以操纵 office，可以上网浏览网页，可以参与正常的办公，正常的生活。

不仅如此，除了生活需求的满足，互联网为视障者提供了更方便、更主动的自我成长、技能学习的方式。据报告统计数据，76% 的视障者用户浏览资讯的目的是为了增长知识。并且部分用户会关注知识内容、知识型内容产品，如"微信读书""知乎""得到"等应用。

（二）出行难：生活范围内缩

我国推动多个无障碍建设的法规、政策、标准。1990 年 12 月，全国人大常委会颁布的《中华人民共和国残疾人保障法》规定："国家和社会逐步实行方便残疾人的城市道路和建筑物设计规范，采取无障碍措施。"国务院批转执行的发展中国残疾人事业的五年工作纲要以及"八五""九五""十五""十一五"计划纲要（发展纲要），也都规定了建设无障碍设施的任务与措施。2008 年 3 月 28 日，中共中央、国务院《关于促进残疾人事业发展的意见》，2008 年 4 月 24 日，第十一届全国人大常委会第二次会议审议通过的《残疾人保障法》（修订案），都强调了无障碍建设的内容。

1998 年 4 月，建设部发出《关于做好城市无障碍设施建设的通知》（建规〔1998〕93 号），主要内容是有关部门应加强城市道路、大型公共建筑、居住区等建设的无障碍规划、设计审查和批后管理、监督。1998 年 6 月，建设部、民政部、中国残联联合发布《关于贯彻实施方便残疾人使用的城市道路和建筑物设计规范的若干补充规定的通知》（建标〔1998〕177 号），主要内容是切实有效加强工程审批管理，严格把好工程验收关，公共建筑和公共设施的入口、室内，新建、在建高层住宅，新建道路和立体交叉中的人行道，各道路路口、单位门口，人行天桥和人行地道，居住小区等均应进行有关无障碍设计。2001 年 8 月 1 日，建设部、民政部、中国残联联合发布实施了新修订的《城市道路和建筑物无障碍设计规范》，新规范有 24 条内容列入国家强制性标准条文。中国民航总局于 2000 年 12 月 27 日发布了《民用机场旅客航站区无障碍设施设备配置标准》。2004 年 3 月 1 日，建设部、教育部联合颁布实施了《特殊教育学校无障碍设计规范》。2005 年 6 月 4 日，铁道部发布实施了《铁路旅客车站无障碍设计规范》。交通部也在长途汽车站、码头建设标准中，纳入了无障碍建设的内容。

近年来，为提高残障人士的出行体验，国家针对残障人士的出行制定以下专项政策：

（1）残疾人搭乘公共汽车、地铁、轮船、渡船、火车、飞机等公共交通工具时，应当对残疾人给予方便和照顾。

（2）对残疾人随身必备的辅助器具，应当准予免费携带。

（3）盲人可以免费乘坐市内公共汽车、电车、地铁、渡船，凡是盲人读物邮件，都应当免费寄递。

（4）县级和乡级人民政府应当根据具体情况减免农村残疾人的义务工、公益事业费和其他社会负担。各级人民政府应当逐步增加对残疾人的其他照顾和扶助。

无障碍设计设施于20世纪80年代传入我国，却也比国外晚来了20多年，而后中国也加紧步伐进行无障碍的建设。近年来，中国多地已经针对视障者的无障碍设施的完善，如建立语音红绿灯、盲文公交站、盲人图书馆等基础设施，并建立如大兴无障碍机场出行服务等更系统化、流程化的出行支持。然而，对于视障者自身来说，因为相对欠缺的行动能力和视觉感知能力使得他们单靠设施难以适应城市日趋复杂的交通。更让人担忧的是，在我国部分地区盲道的建设似乎成了一项"标配"，地方政府只注重于对建筑的完成，而不关注后续的维护，因此常发生盲道被占用、荒废。同样情况也时常发生在视障红绿灯通行中。出行难让我国视障者的生活范围不断缩小，形成了以家、工作点为直径的单一活动圈。从整个国际来看，一些发达国家在无障碍出行方面做出了持续努力。英国有从公交、地铁、火车整套公共基础交通设施的无障碍服务及设施体系，并且已将无障碍设施服务的监管运营列入法规法则，全面监管无障碍运行情况。视障者的城际出行，城市出行都直接影响他们的生活状态和方式，而目前在出行难面前，他们成了城市中的"盲点"。

通常他们的出行目的和距离包含以下两种：

（1）满足最基本的日常出行，工作、买菜、买日用品、去附近的朋友家或者去医院药店等。一般会选择步行或者公交车、轻轨、打车，出行长度大约在500—1000米。

（2）去大型商场购物，或者去外地找人等，出行长度大于2000米。

（三）改变难：职业壁垒

在我国政府及相关机构的政策制定和指引下，目前视障者的就业率已取得稳步提升，并在各个行业都开始逐步推进。据针对视障者职场就业情况的研究发现，我国目前视障者从事的行业以按摩理疗为主要从业通道，与此同时也出现如电子商务、外文翻译等行业的从业可能。但整体而言，相较于文化艺术、互联网等行业，按摩理疗服务行业仍为视障群体的主要职业通道，并远高于其他行业从业比例。由此可见，因技能缺乏和能力限制，视障者职业选择壁垒仍然较高，就业途径十分狭窄，而就业需求极大。如何拓展就业机会方向仍是社会相关协同组织需要进一步思考的关键命题。

1. 按摩理疗行业

目前由各地残联组织带领进行培训、劳动局输出传统的中医推拿机构。整体从技能培训到职业输出为视障者解决就业前景，并且快速弥补理疗行业的人力资源缺失状况。然而不足的是，大量的视障群体被社会外部环境导致"一般都是"的刻板印象，按摩技师甚至成为视障者的"唯一职业"，在一些城市，从事推拿按摩的视障者人数甚至占到该群体总数的96%。

随着时间的推移，该行业也在面对市场竞争加大，质量水平不齐，员工福利难保障等负面情况日益突出。简而言之，面向理疗行业的输出为视障者提供了清晰快速的职业通道，但需要警示的是，视障者的职业技能并不应只限于在此行业的持续发展，后续更多元的职业通道打开与引导尚需要时间与资源进行集中发力，让视障者的职业生涯可根据个人喜好，拥有更多的选择空间，从而实现工作的真正平权。

2. 电子商务行业

2019年下半年起，首批视障云客服已经正式加入阿里巴巴云客服队伍，并将首次服务天猫双11，为大众群体购物消费排忧解难。电子商务作为互联网革命下诞生的新兴数字行业，"数字鸿沟"过去是视障者被拒之门外的技术壁垒，极少视障者能够使用互联网衍生的相关服务，但目前可喜的是，随着企业对互联网软硬件无障碍化的重视，除了让视障者成为互联网平台的用户，同时也面向他们打开了能力匹配的职业通道。除了阿里云客服之外，其他职业如视障工程师、视障淘宝卖家等也逐步出现，持续增多。已培训的视障云客服中，有的人曾经做过按摩推拿，有的人从未参加过工作，靠读屏软件辅助和勤奋学习，这些人成了阿里巴巴在线客服中的一员。

除了企业的职位供给外，相关机构与组织也持续提供从事该行业的职业技能培训服务，如2015年，广州市残联已启动市残疾人技能培训计划，改变视障者单一就业路径，拓宽视障者的就业渠道。在该计划中，当地残联通过电商讲师和视障资深从业者进行专业与经验分享，并提供了实践机会，对接网店进行实景式实践实习，让更多的视障者掌握电商营销与运营技能。由此可见，在政府与企业的协同合作下，随着互联网"盲道"的消解，视障者将拥有更多的职业选择空间与机会。

3. 文化艺术行业

从事文化艺术行业的视障者目前处于起步阶段，钢琴等乐器音律调整是视障者发挥听力技能优势的小众行业，比较具有代表性的是北京的陈燕。同时上海盲人志愿者为了拓展盲人就业也专项设置盲人钢琴调律培训课程，通过系统性的课程培训和乐器的实践训练，让视障者发挥听力敏感优势，帮助消费者校准音律。另外也有部分视障者从事媒体等行业，较具有代表性的是《心目看世界》，该栏目的主持人为视障者。然而整体而言，从事该行的盲人凤毛麟角。

相较于国内的就业途径较集中，在国外视障者的从事行业则相对多元和丰富，可从事的行业包含：心理咨询师，运用心理学以及相关知识，遵循心理学原则，通过心理咨询的技术与方法，帮助求助者解除心理问题。广播节目主持人，广播电台从事节目的策划、主持、制作等的专业人员。其为听众展示了一种颇具吸引力的人格化传播方式，常常因此成为听众的听觉中心。另外，还可从事翻译、点钞员、弹拨乐器演奏（音乐家）、作家、律师、外交官和话务员等工作。

对国际整体的从业类型分析如下：

日本盲人的就业渠道已呈现出多样化，但重点仍是理疗行业。

（1）按摩和针灸，是日本盲人传统的就业门路。据1991年调查，日本盲人就业总数为96000人，其中31000人从事按摩、针灸工作。

（2）从事电话接线，也是日本盲人传统的就业门路，至今已有30年的历史。全日本有四个这样的培训中心，现有300名盲人电话接线员。

（3）电脑领域，现在有60—70位盲人电脑规划师。那些大学数学系毕业的盲生，不少人在私人企业担任系统工程师。全国有三个训练中心，包括一个三年制学院，培训资料处理技术人员。

（4）产业工人，在日本，盲人操作各种机器，学习电镀和镀金技术，掌握各种由电脑控制的机床，是一个重要的职业训练项目，目的在于使盲人参加制造业，成为产业工人。

（5）教师，在日本盲教师队伍中，约有600人从事按摩、针灸课程的教学。教文化课的盲教师相对较少。其中一部分是盲校毕业生，一部分原先就在普通学校教课，后因失明而转到盲校工作。这些盲人讲师所教课程，有社会学、教育学、文学、工程学、自然科学和资料处理学等。

（6）律师，从1972年起，允许盲人参加律师资格考试，教育部门为考生准备了盲文试卷。现在，有两位盲人和两位严重弱视者，通过考试成为律师。

（7）公务员，从1991年起，盲人也被允许参加国家公务员考试。1996年第一位盲人通过考试，被安排在劳动省工作。在一些盲人机构中，如盲文图书馆，有相当数量的盲人职员。

（8）文秘工作，在东京等地的工厂里，有30位盲人从事文秘工作。他们听着录音带，使用打字机，将文件转换为日本汉字和日本假名。

（9）公司经理，有一个"日本盲人经理俱乐部"的组织，约有50位俱乐部成员，他们都是公司经理。俱乐部每年举行会议，表彰和鼓励盲人经理在商海中的拼搏精神。

（10）音乐工作者，日本约有150名盲人音乐工作者。他们中有的是音乐教师，有的是乐器演奏家，还有的是歌唱演员，经常举办音乐会。有几位盲人钢琴家和盲人小提琴手，在国际上小有名气。不少日本盲人是本国民族音乐的爱好者，尤其喜欢弹奏传统乐器——十三弦古筝。

（11）新闻行业，日本有少数盲人进入新闻界，或在电台当节目主持人，或在杂志社当编辑和主编。日本政界曾出现过两位盲人议员。宗教界也有盲人牧师和盲人神父。

法国有一定数量的视障者从事心理咨询相关工作，有的还会从事语音客服、钢琴调律师、音频制作、写书、做音乐等工作。法国通过社会意识的培养和社会福利的关怀，帮助他们消除职场、生活中的某些障碍，保证视障者有机会从事任何一种职业。

美国制定了无障碍相对完善的就业制度，首要是保障盲人的受教育权利。相比中国盲校里主推的按摩等专业，美国学校里，盲人能够选择的专业多达100多个。学校中，设有盲人教育资源中心，如果盲人在专业学习上有问题，他们可以提供咨询服务和技术支持。并除一般专业课程之外，提供一些培养学生生活技能的发展、自我决定、自我提倡意识的课程等。

从国际上盲人的就业现状可发现，在有限的条件下，若想根本上改善，只有通过实行更多元的技术培训，乃至无差别教育，方能从根本改变盲人现状和受歧视的窘境。而目前盲人面临的教育困难在于真正能提供无差别教育机构的缺乏（无差别教育就是让盲童和健全儿童一起受教，从小将盲童和儿童放在一起教育，减少盲童儿童之间的距离，增进彼此了解，才能从根本上改变盲人边缘化、脱群的现象，从而改善盲人受歧视的现象）。不管是从机构硬件设备的角度，还是软性如教师的培养。现有教育机构多数围绕职业教育，如盲人升学、盲人成考，大学机构相当缺乏。国内现有的两所大学，一所是长春大学，另一所是南京中医药大学，而此二者更多的是培训推拿技能。整体而言缺乏对盲人学生的文化、素质教育和其他职业技能的培训，因此，即便大学毕业，也只能回到按摩市场。由此可见，如果要让盲人无差别地参与到健全人群体，实现社会参与和价值建设，首当其冲是要提高盲人自身的整体素质教育。

二、"艺术之旅"——视觉障碍者的艺术服务设计项目

（一）发现

1. 项目背景

（1）视障群体艺术现状

①社会现状：人口基数大，艺术领域需求多。

②生活现状：社交圈层小、精神生活不丰盈、易被主流人群忽视、生活半径小，难以融入社会。

③技术现状：国内美术馆的无障碍现行方案成本高，且运营难度较大。

（2）国内艺术场所基础设施建设现状

国内的博物馆基本配备了无障碍通道、无障碍卫生间等设施，为视障人士提供基本的参观服务。但日常运营中这类设施的利用率并不高，效果难以

达到预期。非通用化设计严重影响视觉障碍群体的参观质量。这不仅违背了建设无障碍博物馆的初衷,也降低视力障碍者参观意愿。

（3）国内艺术展览体验运营现状

南京博物院专门为残障人士开设了助残主题馆——博爱馆（图5-2-1），为残障人士提供手感触摸、语音解读、全自动导览车等个性化、无障碍的参观体验服务，展厅设有多座院藏重要文物复制品触摸展台，供视障人士触摸体验。

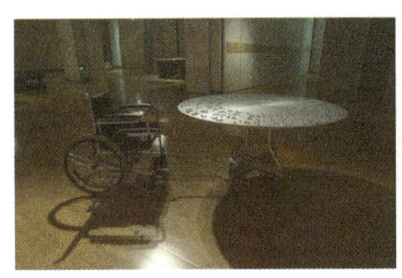

图5-2-1　南京博物院助残主题馆——博爱馆

但其他展览设计多数没有全面考虑无障碍人士的观看需求。高于残障人视平线的展柜和展板、细小的字体和昏暗的灯光都阻碍了残障人士参观，导致无障碍艺术体验服务难以真正"长期"和"持续"。

（4）应用于视障无障碍领域的现有技术

①安全导航技术（图5-2-2）：路径规划、避障与实时导航

在艺术馆环境中，行动障碍主要指因肢体缺陷而无法进馆或抵达展品展

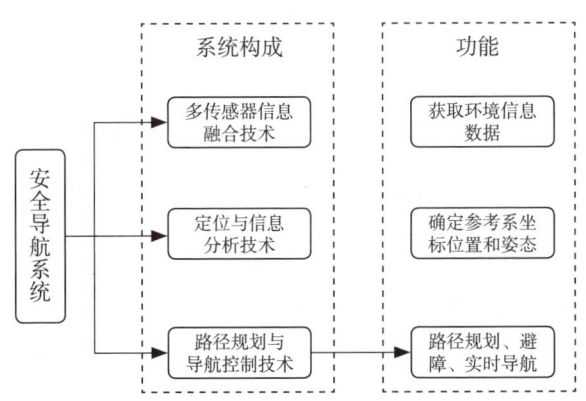

图5-2-2　安全导航技术系统架构及基本功能

示处的障碍。安全导航技术通过多传感器融合和定位分析为导航提供可靠依据，为肢体残障人士挑选最优路径，保证其安全准确抵达目标展示处。

②室内定位位置服务技术（图5-2-3）：为展品导览提供位置

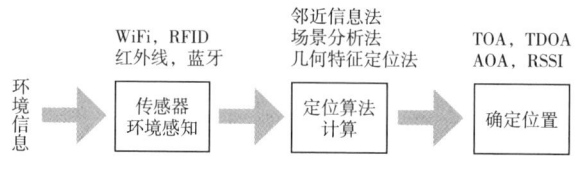

图5-2-3　室内定位流程图

位置信息障碍主要指因视力缺陷无法辨别当前位置或确定行动方向。利用与室内定位相适应的信号技术，经由不同定位方法和距离测定手段确定视障人士在馆中的具体位置，同时为其提供具体展品的详细位置信息。最终，视障人士可随时随地获取所处位置信息，为抵达目的地提供指引，并能快速且准确地获取展品相关信息。室内定位不仅可以帮助他们在参观过程中成功躲避障碍物，同时还可以为其抵达展品展示处制定安全路径。

③力触觉反馈技术（图5-2-4）：提供虚拟力感和触感反馈

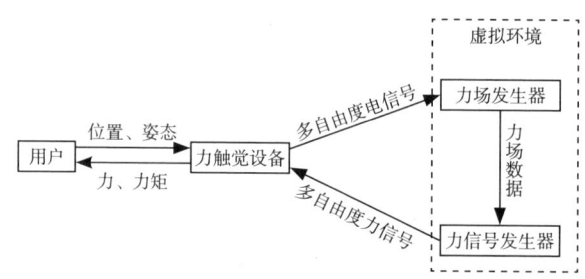

图5-2-4　力触觉反馈技术工作原理

在艺术馆环境中，系统首先通过位置传感器、速度传感器和力矩传感器等测量视障人士与展品的交互动作及在艺术馆中的具体位置信息，将数据实时、准确地输入主控计算机，帮助视障人士完成对不同展品的质地、形状、重力等信息的输入。

2. 项目目标

我们致力于让视障群体真正"参与"公共艺术空间。通过结合视障群体与正常人群体需求，打造多感官、通用性的无障碍艺术体验服务，最终实现艺术的无差别对待。这不仅是文化平权的重要行动，更是视障人士融入社会、享受生活的重要突破口。

3.研究工作

（1）桌面调研：国外先进案例调研（如图5-2-5所示）

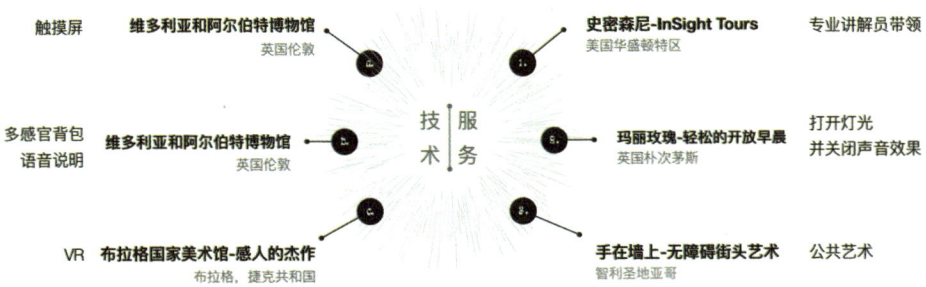

图5-2-5　国外先进案例调研

（2）受众群体：视力障碍用户规模分析（如图5-2-6所示）

·视障网民中，"九〇后""八〇后"占75%，其中"九〇后"占45%，"八〇后"占30%。

·视障网民中，高中学历占比最高为42%，其次是初中及以下，占30%。其中超过七成用户读过盲校。

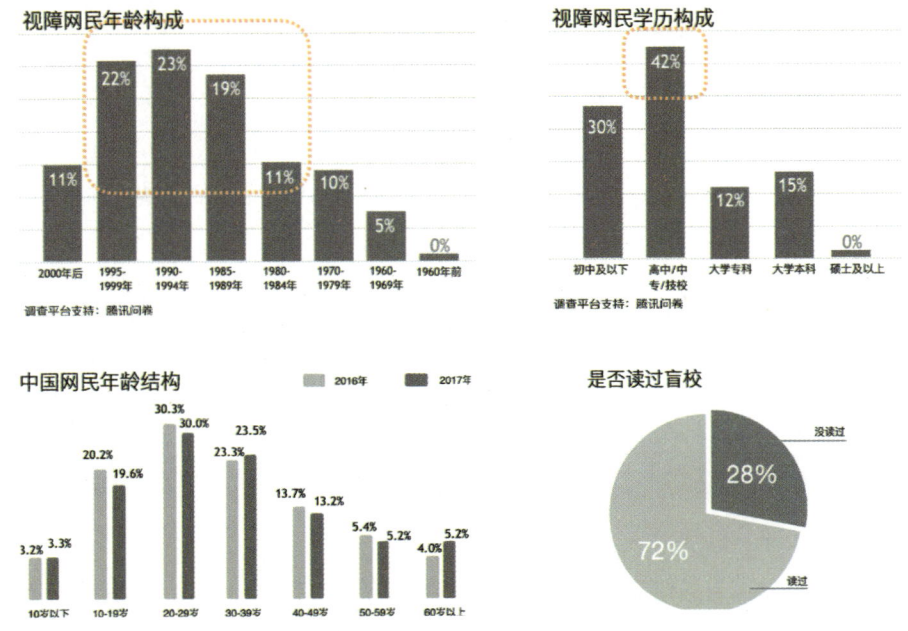

图5-2-6　视力障碍用户规模分析

(二) 定义

1.定义目标用户：用户画像1

姓名：小帅

性别：男

年龄：35岁

职业：IT软件开发

视力状况：全盲

居住情况：与妻子、女儿（正常人）同住

教育：联合大学特教学院

（1）个人标签

①生活节奏较快，生活重心围绕家庭。

②喜欢陪孩子出去玩（动物园、公园）。

③注重孩子各方面的教育（文化课、艺术）。

④拥有一只导盲犬，独自前往大部分地点。

（2）艺术体验

参观过美术馆、博物馆等。在盲校上过多种美术类课程，如：折纸、泥塑、中国结等，注重孩子的艺术教育，并希望可以和孩子一起学习和体验艺术。

（3）用户语录

"没有太多的体会，大多数公园对于我来说没什么区别，但如果和老婆孩子在一起，就会变得不一样！有时候，别人问我全盲的人旅游在游什么，大概是周围的环境、人们说的话，还有和家人在一起共同度过的时光吧……"

"美术馆某种程度上对于我来说，就像小黑屋一样。"

2.定义目标用户：用户画像2

姓名：左一一

性别：女

年龄：26岁

职业：人事助理

视力状况：低视力

居住情况：与父母（正常人）同住

教育：联合大学特教学院

(1) 个人标签

①生活节奏较慢，生活重心围绕个人。

②社交圈广，常与盲人朋友一同出游。

③生活丰富，热爱做手工、古琴等。

④热爱分享，常拍图片/视频在朋友圈分享。

(2) 艺术标签

在盲校上过多种美术类、音乐类课程。喜欢参加雅集、演出。社交圈主要在古琴班，经常一起出去玩。

(3) 用户语录

"我喜欢拍照，但我不喜欢被大家称之为'盲人摄影'。一是'盲人'这个词没什么必要被强调，大家可能会说'他们还会摄影？'二是我只是想记录生活，被说是摄影会有压力。"

"和老师同学一起弹琴、聊天是最快乐的时光。"

"我喜欢穿绿色的衣服，因为很有活力、很有希望！"

3.定义目标用户：用户画像3

姓名：大琪

性别：女

年龄：27岁

职业：无障碍建设者

视力状况：低视力

居住情况：独居

教育：盲校

(1) 个人标签

①生活节奏较慢，生活独立性强。

②社交圈广，常与正常人社交。

③从小弹琵琶，大学主修钢琴调音。

④参加过大型活动，各方面工作能力强。

⑤热爱分享无障碍领域的新鲜资讯。

(2) 艺术标签

从小弹琵琶，大学主修钢琴调音，由于没那么喜欢和收入不高，选择了其他工作。不会购买艺术品,但会去看展。

(3)用户语录

"既然医疗还没有那么发达,那就利用科技让我们视障人士的生活变得更好吧。"

"虽然我在北京能够生活得很好,但回了家之后可能会寸步难行,因为家乡的无障碍做得不够好。"

4.需求分析

- 艺术体验差
- 难以扩大社交圈
- 希望艺术馆提升参与感与互动性
- 难以独自一人完成观展
- 希望减少社会对盲人的偏见
- 难以融入主流社会群体

5.定义设计问题

我们如何通过多感官的沉浸式体验让视障人群增强参与感,从而实现无差别艺术文化导览服务?

(三)发散

1.概念整合

(1)用户体验地图(如图5-2-7所示)

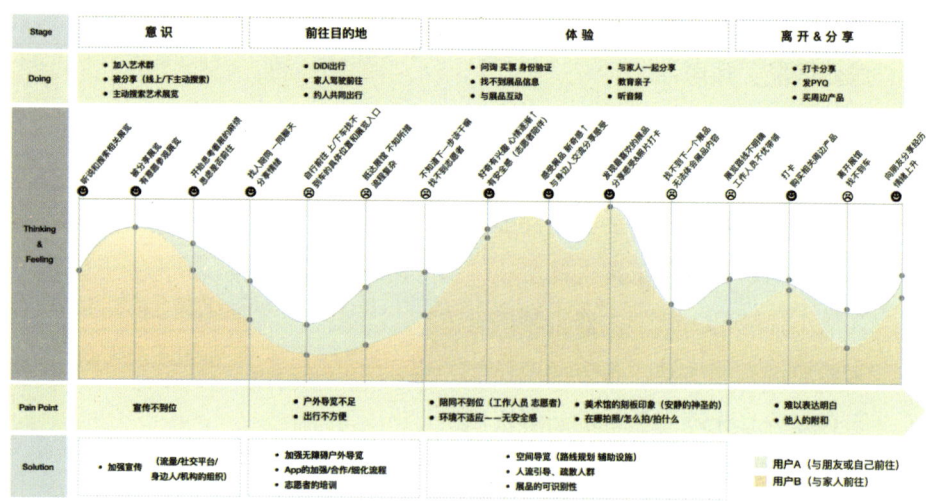

图5-2-7 用户体验地图

（2）服务流程图（如图 5-2-8 所示）

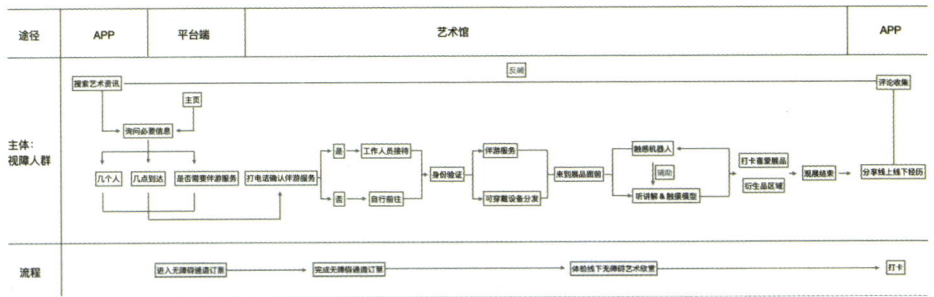

图 5-2-8　服务流程图

2. 模式梳理

（1）商业模式画布（如图 5-2-9 所示）

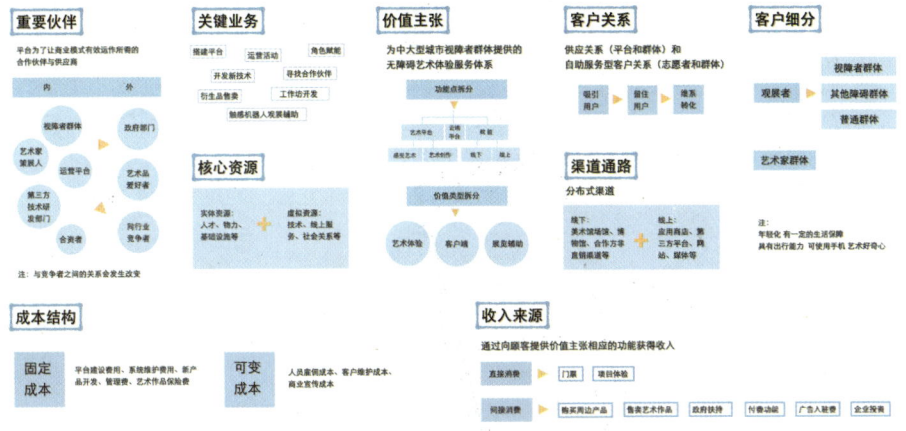

图 5-2-9　商业模式画布

（2）主流用户总结（如图 5-2-10 所示）

分类	人生阶段	社交圈子	社交目的	艺术体验
用户A	婚前	兴趣班、朋友	结交兴趣相投的新朋友 扩展社交圈	和朋友前往 （探索新事物 打卡拍照）
用户B	婚后	公司同事 亲人子女	维持现有社交圈 促进共同爱好	和家人孩子前往 （陪伴家人 增进亲情 同时体验展览）

图 5-2-10　主流用户总结

特点：年轻化、有好奇心、探索欲、自理能力较强、有社交需求。

核心区别：人生阶段不一样。

（四）交付

1. 概念展示

（1）线上模块——预约：设计方案呈现

UI视觉辅助无障碍通道核心功能模块。

（2）考虑到低视力用户——清晰且对比度强

该数字产品聚焦视力障碍群体，我们以关注视觉障碍用户需求为前提，同时也有意识地提升设计对于大众的适用性。（如图5-2-11、5-2-12所示）

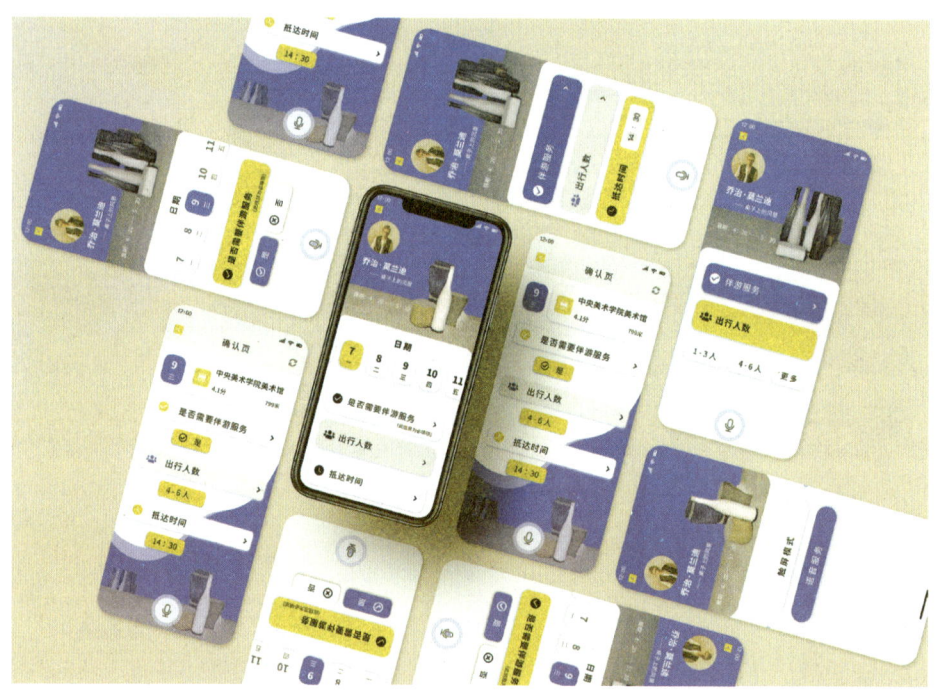

图 5-2-11

"伴游服务"是整个服务流程的亮点，帮助用户解决路程最后100米的问题，相关伴游人员陪伴进入展馆。

第五章　中国无障碍服务设计探索

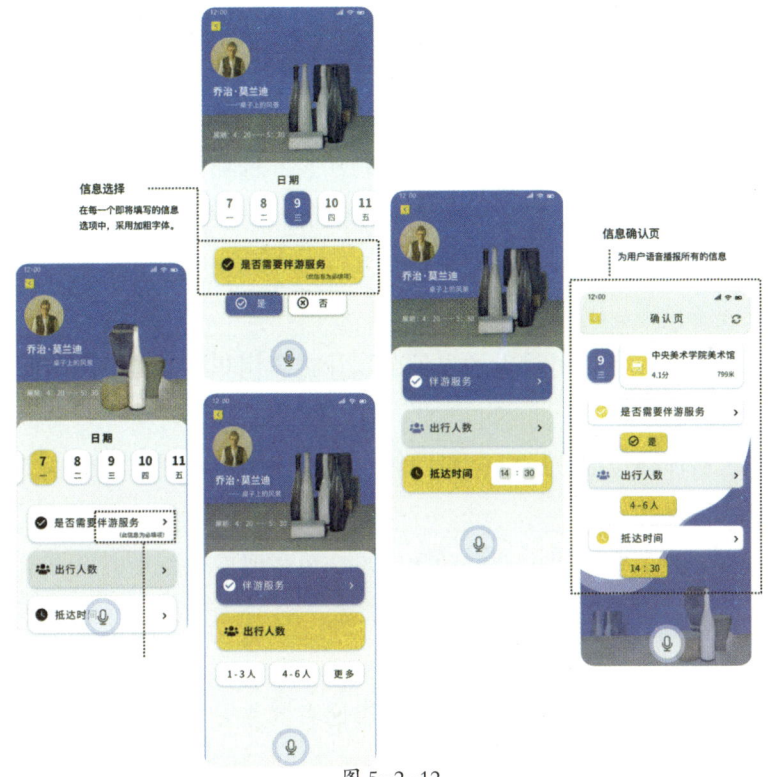

图 5-2-12

（3）界面设计：无障碍的配色方案

最大化用户群体：除完全无视力用户之外，关注色盲以及低视和弱视力用户，提供无障碍配色方案。（如图 5-2-13 所示）

图 5-2-13

143

（4）语音讲解+触觉体验

触点机器人从艺术讲解、自动化触点、色彩温度化三个方面带给观者更好的观展体验。

①艺术讲解：机器人通过定位识别画作后，选择关键作品的核心组成部分，从构图、色彩、画面细节、故事等角度讲解。

②自动化触点：将画面布局以抽象几何形态的形式呈现，关键细节通过信息分层逐步呈现。

③色彩温度化：通过触点的温控装置让视障用户感受画面的冷暖色调，从而实现色彩感知。

（5）观展体验：细节呈现

阶段一目标：

触点机器人从艺术讲解、自动化触点、色彩温度化三个方面带给观者更好的观展体验，让视障者平等地感受艺术。

阶段二目标：

完成阶段一的基础上通过工作坊、志愿者服务等方式让视障群体实现群体融入，享受艺术生活。

（6）从艺术平权的角度

通过多感官的沉浸式体验让视障人群增强参与感，从而实现无差别艺术文化导览服务。

（7）从艺术教育的角度

以美术基础教育的角度引导用户欣赏艺术，提高美育意识和艺术感知力。

2. 价值

（1）未来趋势

①社会对视障群体的包容度提高。

②视障群体认识到艺术的重要性。

③艺术体验更有温度。

④相关技术提高。

⑤实现艺术平权。

（2）艺术体验为视障者提供的价值

①满足视障人士精神层面需求，享受文化艺术文明成果。

②满足其社交需求，帮助他们融入主流社会。
③满足自我证明的心理，实现艺术平权。

三、"购物模块再定义"——视觉障碍者的购物服务设计

（一）发现

1. 项目背景

（1）视障者购物话题

①线上购物成为大众人群的日常生活方式之一。

②视障者外出购物困难，更加依赖线上购物。

③现有主流线上购物平台无障碍平台的搭建均基于通用设计逻辑，视障群体使用较为困难。

（2）线上购物成为大众人群的生活方式

截至 2020 年 3 月，我国网络购物用户规模达 7.10 亿，较 2018 年底增长 1 亿，占网民整体的 78.6%；手机网络购物用户规模达 7.07 亿，较 2018 年底增长 1.16 亿，占手机网民整体的 78.9%（如图 5-2-14）。

图 5-2-14　2015—2020 年网络购物及手机网络购物用户规模（单位：万人，%）

（3）视障群体外出购物困难，依赖线上购物

各城市各类型公共交通服务上的无障碍设施发展不均衡且不完备，使得残障人士出行存在较大障碍。而障碍同样体现在商业服务场所内，大量商业场所在设计之初缺乏助残意识，无形中将包括视障人群在内的残障人群"拒

之门外"。然而他们不仅期望安全踏出家门，更多的是能够和正常人群一样便利地深入各个公共服务空间，广泛地融入社会活动，分享时代发展所带来的物质文明和精神文明的先进成果。

2. 项目目标

用视障者信息获取逻辑重建购物数字服务。

为解决盲人不能独立出行自主购物，线上购物体验感差的现象，基于视障群体的信息获取方式以及需求痛点，重建视障群体的线上购物旅程。

3. 研究工作

（1）桌面调研

现有主流购物平台主要依赖读屏软件等辅助设备。

（2）用户语录

招募并对用户进行深度访谈，探索听障用户的使用问题及潜在需求。

（3）服务走查

主流购物平台无障碍服务走查。

①线上购物平台主要借用第三方读屏来辅助视障群体。

②视障群体在使用过程中常遇到信息转译障碍等现象。

③整体购物旅程不流畅，易出错，且不易及时更正。

④视障群体网购耗时长。

（4）用户体验现状

用户体验不尽人意。

（二）定义

1. 定义目标用户：用户画像1

姓名：大军

性别：男

年龄：30岁

职业：程序员

视力状况：全盲

居住情况：独居

收入状况：每月8000元

（1）用户背景

大军是一位全盲、独居北京的程序员，月收入8000元。平时使用苹果手机，需要使用辅助功能。每月会线上购物4—5次，常线上购买电子设备，例如U盘、鼠标、耳机等。常用的网购软件有淘宝、京东、亚马逊、拼多多、每日优鲜等。

（2）全盲视障群体网购现状

网购次数：每月4、5次

常网购类别：蔬菜水果、电子产品

常用软件：淘宝、京东、亚马逊、每日优鲜、拼多多、考拉

主要困难：网页元素过多（例如图片）影响操作、窗口跳出无法关闭（例如红包）

（3）故事

一天，大军打开京东想购买一个内存为256G的U盘。在旁白辅助功能的帮助下，他较顺利地打开了软件。在寻找搜索框时，由于搜索框里实时更新的推荐内容，旁白无法识别，他摸索半天迟迟没办法找到搜索框的位置。经过一番折腾后，来到了商品页面，他想筛选出自己想要容量的U盘，但筛选界面的不固定性导致他花费了很长的时间，不断重复翻动界面的动作。最后用了30分钟完成了整个购物流程。

2.定义目标用户：用户画像2

姓名：张心

性别：女

年龄：35岁

职业：编辑

视力状况：低视力

居住情况：与丈夫同居

收入状况：每月8000元

（1）用户背景

张心是一位低视力者，有微弱视力，与丈夫同居于北京，月收入8000元。平时使用安卓手机，不需要借助辅助功能，每月会线上购物4—5次，常线上购买食品、衣物等。常用的网购软件有淘宝、京东、每日优鲜等。

（2）全盲视障群体网购现状

网购次数：每月4、5次

常网购类别：吃穿用

常用软件：淘宝、京东、每日优鲜

主要困难：线上客服无法解决提问（例如回复为图片）

（3）故事

一天，张心打开淘宝想在线上选购一套睡衣，为了方便购物，她使用了放在家里的苹果手机，在旁白辅助功能的帮助下，她较轻松地选中了一套睡衣，但在了解睡衣尺码的时候她遇到了困难。在商品详情中，睡衣尺码信息被放在一张表格图片里，旁白功能无法读取图片信息，于是她想求助客服。但当她询问客服睡衣尺码对应的三围时，客服发给她同样的表格图片，她依旧无法获取尺码信息，于是她放弃了选购。

3.定义目标用户：用户画像3

姓名：李小飞

性别：女

年龄：26岁

职业：音乐专业本科生

视力状况：全盲

居住情况：与家人同居

收入状况：2000元

（1）用户背景

李小飞是一位全盲大学生，与家人同居于北京，生活开销由父母承担。平时使用安卓手机，需要借助辅助功能，每月会线上购物5—6次，常线上购买生活必需品。常用的网购软件有淘宝、叮咚买菜、美团等。

（2）全盲视障群体网购现状

职业：学生（学习音乐）

网购次数：每周2、3次

常网购类别：生活必需品

常用软件：淘宝、叮咚买菜、美团

主要困难：网购程序过于繁杂、线上商品无法知道样式

（3）故事

一天,李小飞打开淘宝想在线上购买一个双肩包,在语音辅助功能的帮助下她完成了打开软件和搜索的步骤,但在了解商品参数时,她发现自己无法想象出商品的款式,于是她想继续向下翻动页面,了解更多的商品详情。就在这时,突然跳出了一个活动页面,她想关闭这个页面,却摸不到关闭按钮。无奈,她只好关闭了淘宝,重新打开,重复了一遍之前的步骤。

4.需求分析(如图5-2-15所示)

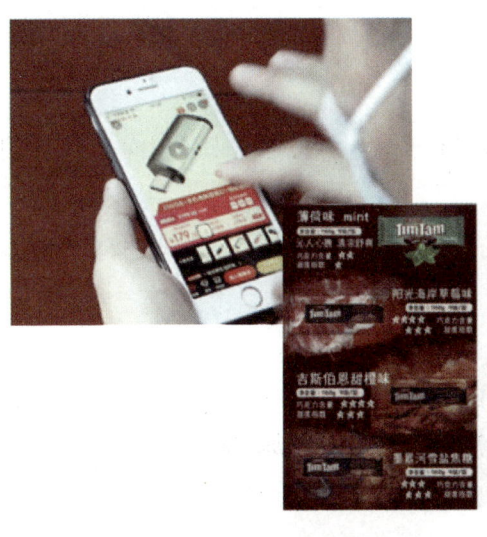

01
盲人独立出行购物难
 无障碍设施不完善
线下商店无导视系统

02
购物界面无效信息多
 图片太多无法读取
 弹出窗口无法关闭
 信息量大且无主次

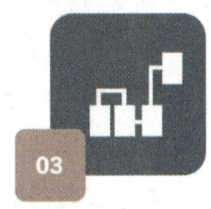
03
线上购物操作流程复杂
 跨平台了解商品信息
 页面交替不便控制

图 5-2-15

· 无法外出独立购物与融入群体
· 无法读取优惠信息与弹窗阻碍

- 无法读取商品详情与读取图片
- 无法读取活动信息
- 无法读取搜索框
- 颜色名称指向不明

5. 定义设计问题

我们如何通过一套高适配性的无障碍模组帮助视障群体实现跨平台的独立购物体验？

（三）发散

1. 机会发散

使用卡片分类法将需求进行整理，并按照需求（层次），给出对应的解决方案（功能转化）。

- 🔴 基本需求
- 🔵 期望需求
- 🔴 情感需求

- 改变现有的界面编排逻辑
- 视障人群购物品类的筛选与提炼——精准推送
- 商品的描述界面的信息语音导出和视障客服
- 视觉内容与无效内容的删减
- 改变获取大众评价的信息获取方式、分享与推荐奖励机制
- 分享圈子的建立，提高购物与互动的参与度
- 线下无法获得推送内容
- 线下无障碍通道的借鉴作用
- 增加视障语言来获取用户准确的信息
- 获取他人的购买感受
- 扩大共同爱好的朋友圈

2. 概念整合

（1）用户体验路径与行为分析（如图 5-2-16 所示）

（2）语音辅助 + UI 设计

语音辅助无障碍通道核心功能模块。

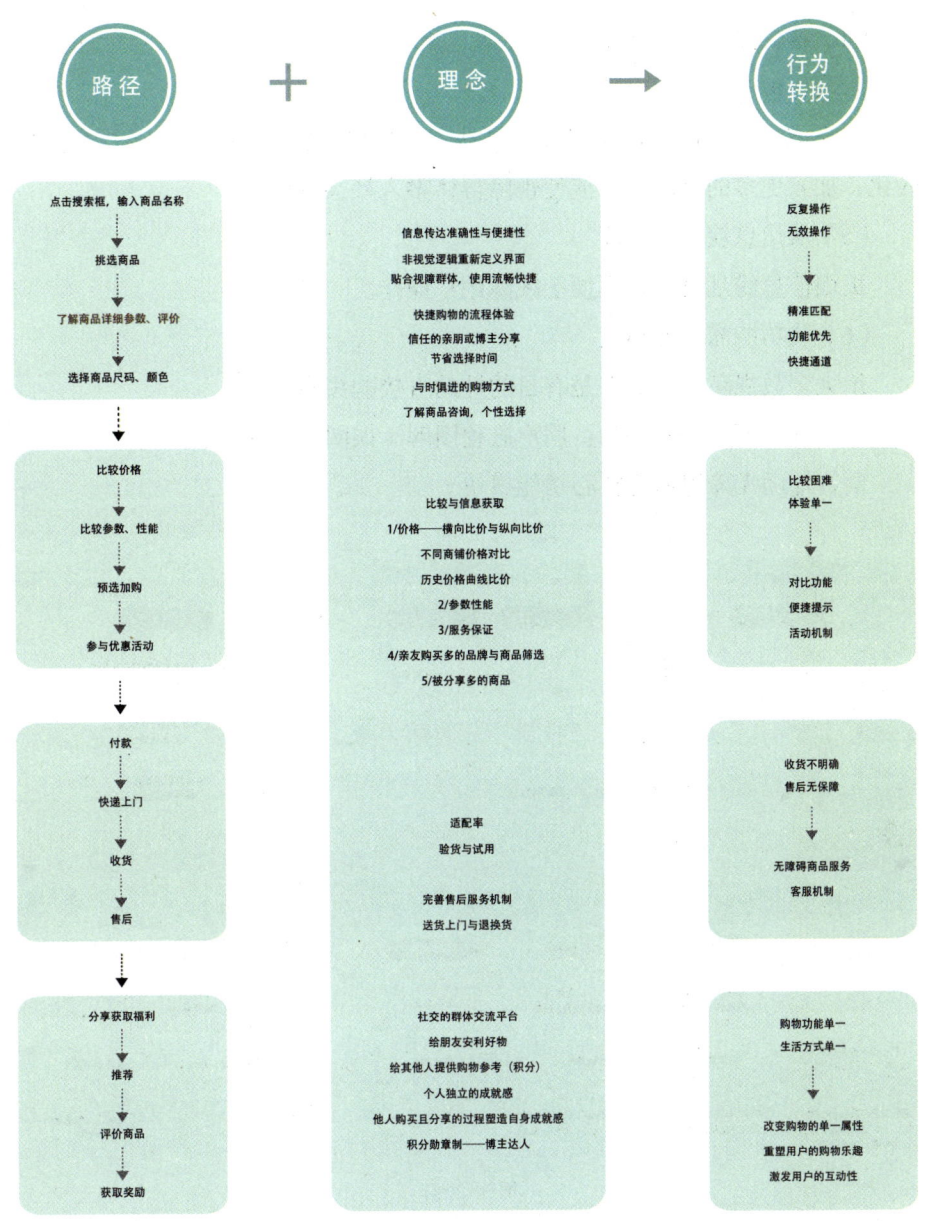

图 5-2-16

（3）核心需求——购物模块

阶段目标：

先解决视障群体购物的核心需求；

通过语音辅助功能使主流平台无障碍购物流程更流畅。

（4）迭代更新——圈子模块

阶段目标：

在完成（3）阶段目标的基础上拓展"圈子"模块的功能，让购物更加体验化，加入更多的互动性功能使视障群体融入社会群体。

（5）从信息获取的角度

页面信息纷乱复杂，不便于视障用户操作。

（6）从功能需求的角度

绝大多数视障用户需求是有目的性的直接购买商品。

（7）核心模块——购物：用户旅程图解（如图5-2-17所示）

语音辅助无障碍通道核心功能模块。

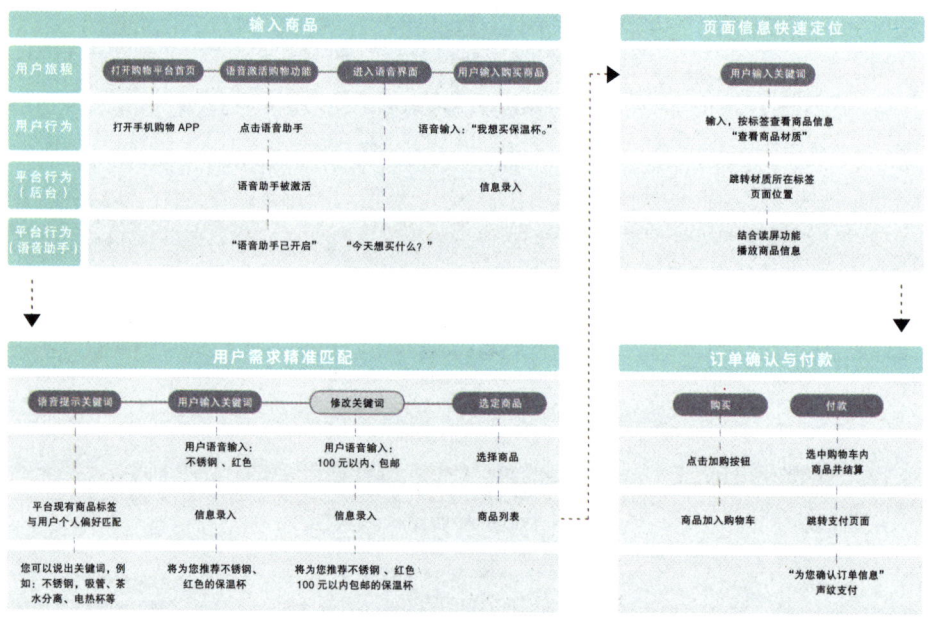

图 5-2-17

（8）核心模块——购物：视障群体的实操逻辑关系

UI视觉辅助无障碍通道核心功能模块（如图5-2-18所示）。

（9）核心模块——购物：以盲人逻辑重新建立信息设计

UI视觉辅助无障碍通道核心功能模块。

①信息重要程度排序

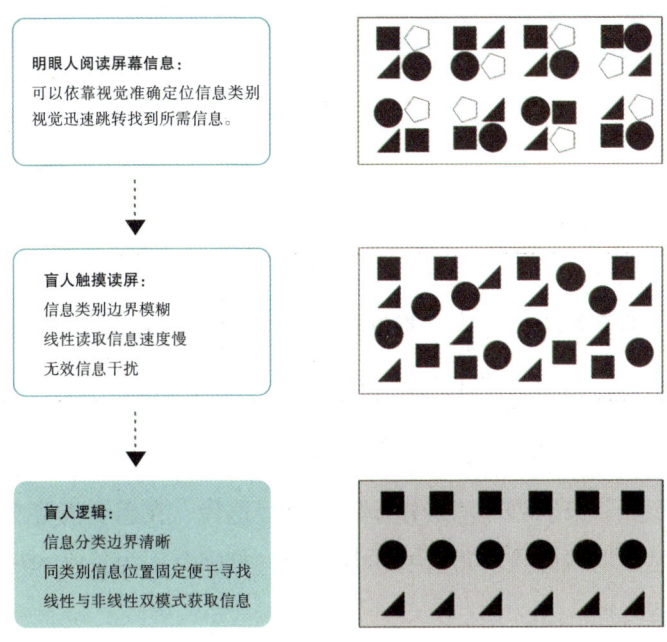

图 5-2-18

②块状信息便于点按

③方便弱视群体，采用高对比色彩体系

④语音辅助结合智能客服迅速处理问题

（四）交付

1. 设计展示

（1）核心模块——购物：设计方案呈现

UI视觉辅助无障碍通道核心功能模块。

（2）红色色弱测试结果——清晰且对比度强

运用WCAG2.0进行应用测试，使用模拟器模拟红色色弱人视力效果。

2. 服务模式（如图5-2-19所示）

（1）核心价值

线上基础设施的逐步完善带给日常生活更多的便捷和体验感，视障人群的线上信息无障碍通道在国内的普及带给我们思考，从研究对象的角度来讲，希望在互联网应用当中体验到与普通群体同样的体验感与消费文化，从设计者的角度出发，希望给视障人群带来更便捷、更多的交流与互动的可能

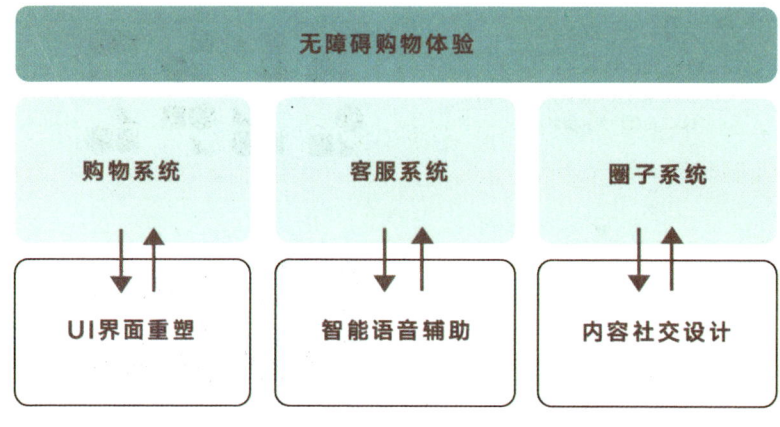

图 5-2-19

性,从"买"到"逛"到"消费体验"的路径迭代,在感受消费文化的过程当中,其实是帮助视障人群重塑身份与情感,打破其因为技术和环境问题而导致的孤立与特异。

(2)产品运营形式

购物系统:线上基础设施的无障碍设计的存在价值在于针对性地解决视障群体中个人买东西过程烦琐,买到的东西不能达到自己的心理预期,在信息与大数据分发快速发展的时代,一切以普通消费群体为核心用户,通过改善购物系统的建设方式来提高视障群体的购物体验,甚至在买东西的前、中、后分别来提升附加值,通过"圈子"的方式来获取身边更多的视障群体的消费分享,在过程中提升客服系统的介入来帮助视障群体处理问题等。

客服系统:视障群体的客服方式完全区别于普通人与客服的交流方式,首先是对身份的明确,通过情感化语音的方式来引导视障群体,让用户在与客服交流的过程中不存在因为身份差异性而产生的矛盾,让用户更放松地咨询客服,并且通过盲人客服的方式来增加未来版本迭代更新之后为视障群体创造职能岗位的可能性。

互动系统:打造"圈子"的概念是为了使更多的数据信息、更多的真实分享案例通过同一个平台来让视障群体感知,微信朋友圈是一种碎片化信息以蒙太奇的方式结合在一起的方式,通过在"圈子"中的设定,让更多描述性的言语文字更有效地传递给视障群体,让视障群体的消费文化——"逛"的概念真正地进入视障群体的生活。

(3)商业运营及利益相关者模型

利用价值流模型的构建来反映产品对整个市场的影响,被影响群体/用户按照利益相关程度可以分为直接利益相关者、间接利益相关者、其他利益相关者(如图5-2-20所示)。

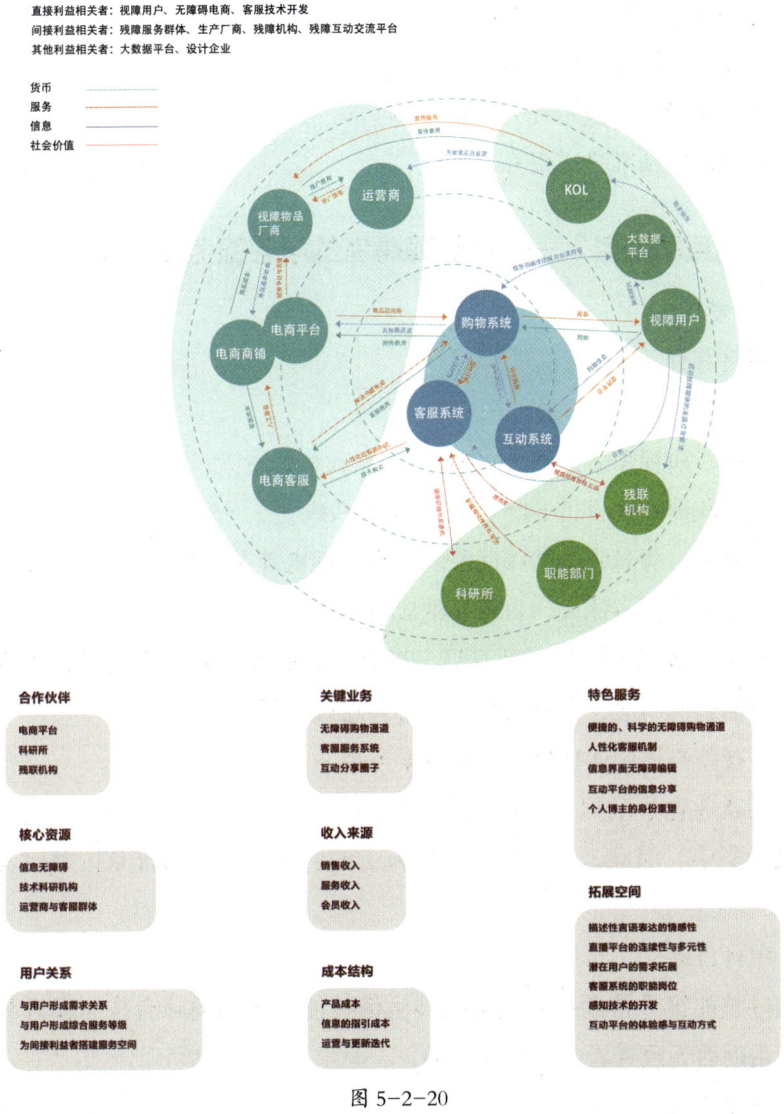

图 5-2-20

3. 价值

(1)结语与愿景

以解决视障群体网络购物为起点,通过全新的信息设计方式为盲人构建快捷流畅的购物通道，让视障人群能够不依靠他人完成独立购物的体验，从而更好地融入主流社会，实现真正的"生活无障碍"。

（2）未来趋势

①主动搜集用户信息，迭代软件服务

②迭代信息与数据分发机制

③扩展关注社会其他群体

④结合智能语音技术提升体验

⑤集合信息精准推送提升便利性

四、"技能互助服务"——视觉障碍者的学习服务设计项目

（一）发现

1. 项目背景

（1）背景

①中国目前视障者人数为1700多万，人口数量大。

②后天获得性致盲占64.57%，占比超六成。

③白内障、青光眼、糖尿病眼病、高度近视等是主要致盲疾病。

（2）后天致盲占比大，自我接纳成为问题

后天致盲者因不同原因致盲后，感官状态的改变对他们的日常生活和心理健康负面影响明显，需要长时间的心理建设与调整。

（3）视障群体职业选择少，就业渠道单一

市场就业竞争激烈，对视障人士接纳度低，就业渠道单一，可选择职业类型较为集中。因此，国内针对视障人士的职业教育多为推拿按摩以及调音领域。

2. 项目目标

通过技能提升帮助视障人士拓展生活技能，增加视障者技能提升与社交机会，帮助后天致盲者实现自我接纳。

3. 研究工作

（1）角色扮演

通过角色扮演方式对盲人群体进行初步理解，亲身体验不使用视觉感官生活，获得真实感受。

（2）用户探访

通过一对一的深度访谈，了解视障群体生活场景，收集场景下的痛点，探索无障碍设计相关观点，例如：

"我的兴趣方向并不在推拿上，但是因为视力不好，上了盲校，和师傅学推拿，最终还是选择从事盲人按摩，但这个市场已经饱和了。上学时也曾经参加过很多盲人技能比赛，各种奖杯和证书还留着。"

"通过定向行走的训练之后，能够自己出门了，也更有信心了。像我们这种人不能太内向，要不然就出不了门。"

"手机无障碍应用的大环境在变好，大公司 APP 基本都能用，不过国内的开发者的信息无障碍意识还是比较差。应该是从一开始就设计好而非产品出来了才想着如何改进。"

（二）定义

1.定义目标用户：用户画像 1

姓名：张强

性别：男

年龄：35 岁

职业：按摩师

致盲状况：先天盲人

地点：北京

家庭成员：父母、妻子

（1）用户背景

先天盲人，30 岁前一直在盲校接受教育，从特教学院针灸按摩专业毕业。生活技能丰富，独立出行能力强。个人生活规律、固定，平时主要跟按摩院同事进行沟通交流。

（2）痛点需求

①更换职业路径难，机会小。

②生活圈子较窄，社交范围小。

③愿意分享个人技能，但分享渠道有限。

（3）用户语录

"按摩行业饱和且竞争大，我们就业面又太窄。如果有机会也想从事些别的职业。"

"我挺喜欢弹吉他的，没空间施展，有时候就教教身边的同事。"

2. 定义目标用户：用户画像2

姓名：高凡凡

性别：女

年龄：32岁

职业：前内科医生

致盲状况：后天致盲

地点：北京

家庭成员：父母

（1）用户背景

突发性白内障，近期内视力急速下降，无法从事原有工作，只能在家。生活改变天翻地覆，手足无措。

（2）痛点需求

①寻找有共同经历的伙伴增进交流。

②学习更多生活技能，以更快适应生活。

（3）用户语录

"视力不好的话影响很大，干什么都不习惯，不方便，而且也无法从事原来的工作。不知道未来能做什么，也不知道该怎么开始新生活，接受自己。"

3. 需求分析：痛点与需求

（1）缺少必要技能

国内视障人士可学习、申请的专业较少。北京联合大学特殊教育学院针对视障学生仅开设两门本科课程：针灸推拿学、音乐学。

（2）就业路径单一

中国残疾人就业创业网络服务平台全平台3919份岗位信息中，支持视力残疾人群的岗位仅占5.51%。另外，60%盲人学习及从事按摩业务。

（3）社会偏见和误解

残疾人就业保障金目的是为保障残疾人权益，提升就业率。通过访谈发现，部分企业更倾向于征缴保障金而非安排残疾人就业。

（4）社会参与程度低

据第二次全国残疾人抽样调查资料显示：82.2% 的 18 岁以上视力障碍人士有不同程度的社会参与障碍。

4. 设计定义问题

如何通过职业技能、生活技能分享服务系统，帮助视障人士拓展生活技能，实现自我接纳？

（三）发散

1. 机会发散

（1）主动学习并建立自己的方法去适应生活

"出门之前我会先大概了解目的地和行进路线的建筑位置分布，每到一个地铁站都会记住前后的站点关系，现在出门只要是熟悉的路线我还是有把握的。"

（2）通过发挥自己的特长来获得成就感

"之前利用业余时间帮助一家康复中心做按摩，看着中心的孩子状态一点点恢复我也很激动。"

（3）通过网络找到同伴交流问题、共同进步

"盲人贴吧上有几千名活跃用户，有一次电脑读屏出了问题，是交流群里的朋友帮忙解决了。"

2. 概念整合

（1）实现步骤

①残疾人联合会与技能培训机构进行沟通合作，前者提供场地支持，后者为课程、技能认证提供支持。

②通过数字平台注册，视障人士及家属可报名参与线下分享活动，先天致盲人士与后天致盲人士通过平台相互传授职业技能以及生活技能。

③注册者可经系统进行线上学习，完成目标后进行技能认证。认证通过则可与有招聘需求企业进行对接。

（2）用户旅程图解

视障人士服务使用流程。（如图 5-2-21 所示）

无障碍与服务设计

了解

通过社区宣传栏，公众号推送，残联工作人员通知得到活动信息
了解活动

通过线上小程序就近选择温馨家园参与分享，方便，减少通勤耗时。
在课程页面了解课程安排并自主选择活动参与角色
线上预约

微信小程序提醒上课时间及地点，避免遗忘
课程提醒

预约

准备进行线下分享和学习
到达温馨家园

保证课程有序展开，计算到场人数，并记入个人勋章以便进行课程兑换
课前签到

活动内容分享/参与

评价温馨家园服务及满意度/收获
活动结束进行评价

线下体验

图 5-2-21

（3）核心功能（如图 5-2-22 所示）

学习

线上课程兑换
得到勋章即可进行成才知心教育网的线上课程兑换，学习更多专业技术

线上技能学习
利用闲暇时间进行学习，有专门负责人进行跟进

技术评定
完成课程后进行技术评定通过之后得到技能认证

领取技术证明
技术评定通过之后在温馨家园领取技能证明

获得更多工作机会
温馨家园固定期举办工作招聘及线上招聘信息分享

认证

放在家中的奖杯材质易碎，每次擦拭的时候都有危险，奖杯使用耐损换材料，同时也是固体墨香，增强嗅觉的识别。杯体雕刻汉字和盲文。

图 5-2-22

（四）交付

1. 服务模式（如图 5-2-23 所示）

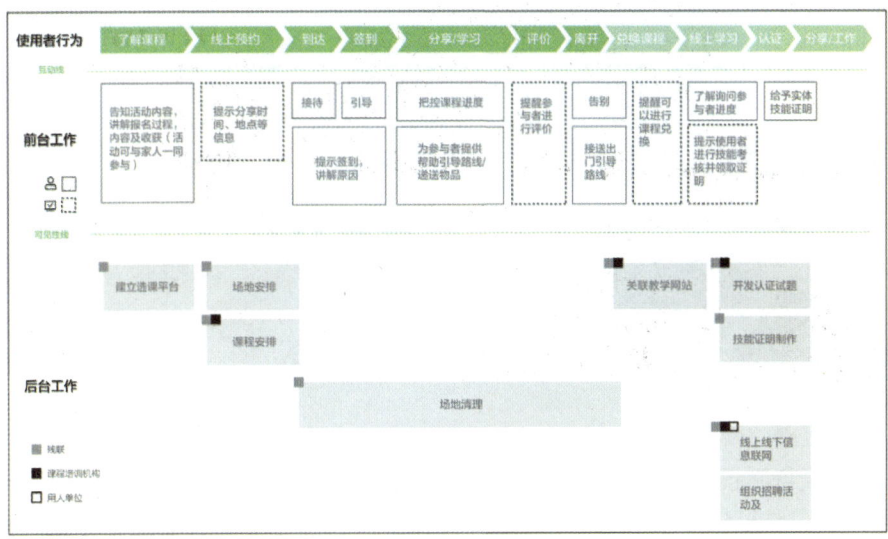

图 5-2-23

2. 商业模式：商业模式画布

商业运营及利益相关者模型（如图 5-2-24 所示）

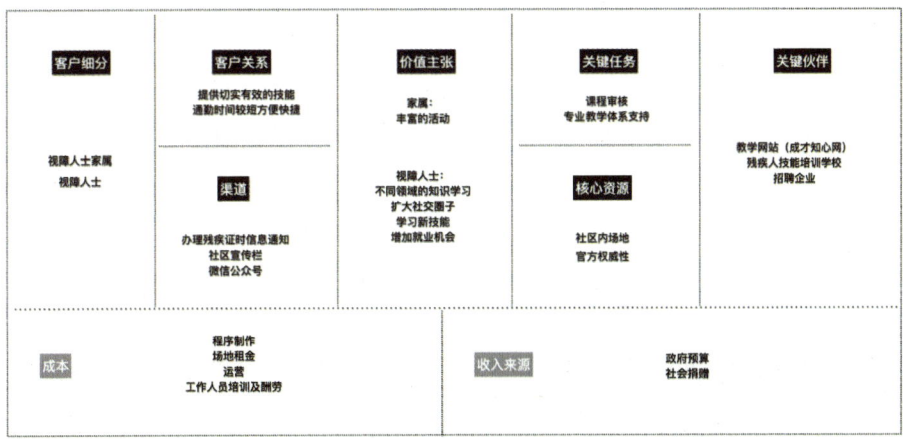

图 5-2-24

3. 设计展示（如图 5-2-25 所示）

图 5-2-25

4. 价值

结语与愿景

聚焦视障人士的自我接纳、自我实现需求，建立交流分享平台。围绕技能分享机制、能力认证机制、社交互动机制，就业资源拓展，打造"技能互助服务"，使得视障人士拥有更多机会提升自我，提高生活掌控力。在实现自我的同时，更充分地融入社会、拥抱社会。

第三节　中国智力障碍人群理解与服务探索

一、中国智力障碍者生活现状

智力或发育障碍，包括许多由精神/身体损伤引起的严重慢性病，包含智力发育迟缓、脑瘫伴有智力障碍、唐氏综合征人群、自闭症谱系人群等不同类型人群。它可以在任何时间开始，通常持续一个人的一生。智力障碍人群在不同程度上难以适应社会生活，在感知、记忆、思维、语言、个性等方面都存在一定缺陷，导致在社会活动中以下方面表现更加明显：学习障碍，沟通困难（聆听和语言表达的能力；口头表达和非口头表达），社会交往能力、学术能力、职业技能、独立生活的能力不足等。

此类残疾是由于神经系统结构、功能障碍，使个体活动和参与受到限制，需要环境提供全面、广泛、灵活的支持。智力障碍者存在于世界各地。他们是数量庞大的多样性人口群体中的一小部分，智障人士在全球各地都占有显著的人口比例。据2006年的调查，在中国男性智障人口比例为0.9%，而女性则为0.7%，智障的普遍率为每一千人中有10.37人。在各类残疾中，先天因素对智力残疾的影响最大，占比达到22.41%，说明重视出生人口素质，预防先天因素导致智残的重要性。此外，原因不明和其他原因占所有致残原因的35.79%，说明智力残疾病因的研究还有待加强，需要各界组织机构加强合作，在致病原因上采用更专业的技术手段进行深度合作和探索，只有当原因清晰可见，对应的处理机制和具体手段才能行之有效。

根据中国残疾人联合会发布的数据显示，截至2010年，我国智力残疾人数约为568万，占中国残疾人比例6.68%。其中，19岁以下的占34.8%，14岁以下的占25.2%。中国残联第二次全国残疾人抽样调查数据显示，19岁及以下年龄残障群体类型中，智力障碍人群高于多重、肢体及视听、精神等残疾群体，排名第一。而在"一点资讯"数据报告中，网友对"智力障碍"关键词的关注度则仅次于视力、听力障碍，排名第三，智力障碍群体的生存状况是我国政府和社会长期关注的课题。

表5-3-1 中国残联第六次全国代表大会智力残疾人及亲友协会章程

条例1	团结、引领智力残疾人及亲友自尊、自信、自强、自立，履行法定义务，培养智力残疾人自己决定自己事情的能力，为构建和谐社会贡献力量；
条例2	促进智力残疾人的康复、医疗、教育、劳动就业、扶贫、维权、社会保障、信托保险和残疾预防工作，参与、举办有关智力残疾人及亲友的各类培训，倡导和开展科学知识的宣传普及、个性化的亲子启智活动、特奥活动及其他有益于智力残疾人身心健康的群众性文化体育活动；
条例3	加强与特教、康复及托养服务等机构的沟通，做好智障儿童的早期疗育；开展调查研究，对智力残疾人工作的发展提供咨询、建议、服务和监督；
条例4	在智力残疾人及亲友中培养、推荐残疾人工作者；
条例5	承办中国残疾人联合会委托的工作；
条例6	代表中国智力残疾人及亲友参加国际活动，促进国际交流与合作。

（一）个体身体机能与活动水平低，生活质量低

智力障碍在智力功能和适应性行为上都存在显著限制。智障人士的体适能远低于应有水平，其中的首要原因是智障人士的活动水平普遍较低，在整体的智力障碍人口比例中的38.5%被定为极低活动水平，另外的25.3%为低活动水平。运动作为人体保持健康和身体活性的首要方式，缺乏运动可导致不同功能的加速退化，在心肺功能方面，智障人士的最高耗氧量比同龄的一般人士亦低约30%。因此，常见智障人士的四肢肌肉力量通常比同龄的一般人士更低。较低的运动量、行动功能障碍、耐力不足和肌肉萎缩都导致智障人士更普遍地出现身体日渐衰弱现象。

（二）家庭面对精神与经济双重压力

对于智力残疾人而言，由于功能损失情况严重，身体机能和认知能力都相对低下，导致该群体大多对家庭及家庭成员的依赖性极高。"截至2006年4月1日，全国有残疾人的家庭共7050万户，占全国家庭总户数的17.80%，有残疾人的家庭的总人口占全国总人口的19.98%。"[1]

从经济角度来说，大多数家长在智力障碍孩子成长过程中，需要付出的经济费用如下：

（1）学龄前的康复阶段，一个月康复费用在2万至3万元。

（2）小学阶段融合教育，指的是让残障儿童进入普通班，同时接受普通教育和特殊教育，并且针对孩子的特质做有针对性的教育计划，一个月1万元以上，大概是普通孩子的两倍。

（3）孩子上学时期，家长中还需要有一位全职照料者，减少家庭收入来源。

智障人士从学校毕业后进入成人阶段，就出现无服务的"真空阶段"，这是智障人士面临的最大问题。成人后智力残疾人大多数无法实现就业，特殊教育毕业后呈现"社会真空"现象，导致年龄已经较大的父母需要供养智力残疾者，整个家庭面对较大的生活成本压力。从精神角度来说，照料智力残疾者意味着需要更大量的时间、耐心，导致照料者被占用大量心力。在精神和经济的双重压力下，多数智力障碍家庭遭受着更艰辛的生活。然而智力障碍不应该由个人和家庭独自面对，而是需要社会整体环境的协助和支持，通

---

[1] 数据来源：2006年《第二次全国残疾人抽样调查主要数据公报》。

过障碍个体、障碍家庭与社会的互相融合，使个体参与社会的"障碍"的概念得以减少甚至消除，并使每个人的权利和社会的公平正义得以实现。基于此，关注智力残疾人的生活状况与发展需求，对于提高智力残疾群体生活质量具有重要意义。

社会首先可以聚焦的是为智力障碍家庭中的家长提供赋能建设，通过为家长提供专家培训、互助和分享，提升和改善家长对于心智障碍者的支持理念和能力，通过组建和发展家长互助小组，促进家长成为心智障碍者最好的协助者和支持者，充分发挥家长们的力量，也为他们自己提供"喘息"的空间。在经济层面，社会上现存公益基金会、企业捐赠、政府采购以及公众筹款等支援，需更多调动其积极性，特别是引导企业的关注。

（三）人群基数庞大，专业照料者缺失

对智力障碍家庭，首先需要的就是来自专业机构的人力支持。然而在残疾人专业照料领域，照料机构尚处于初级阶段，存在不少问题，如城乡发展不平衡，东中西部区域差异明显，托养服务的机构准入、人员队伍内部的管理、实施过程评价等还缺乏统一的规范，服务领域的整体专业化水平还不够高，专业人员缺失等问题。其中人员缺失问题较为严重，目前有主动从业意愿的人士较少，首先是专业度要求高，其次心理精神压力较大，成就感低，最后是薪资收入无法匹配实际付出，所以该行业从业人员空白明显，且流动性较大。

中国残联、民政部、国家市场监管总局、中国标准化研究院等部门于2019年共同在京召开发布会，介绍《就业年龄段智力、精神及重度肢体残疾人托养服务规范》（下称《托养服务规范》）有关内容。《托养服务规范》是中国残疾人服务领域出台的首个国家标准，由国家市场监督管理总局正式发布，2020年1月1日正式实施。根据《托养服务规范》，16周岁至法定退休年龄段的智力、精神和重度肢体残疾人，将可获得由专门机构和工作人员提供的生活照料及护理、生活自理和社会适应能力训练、运动功能、职业康复与劳动技能训练等托养服务。

《托养服务规范》服务目标为失能程度最重，缺乏自我照料和独立生活的能力，生活最困难群体的智力、精神和重度残疾人。通过残疾人托养服务，帮助这些已完成学习但无法就业的残疾人得到基本的照料服务，并通过相应的训练，提高他们的生活自理能力。在未来通过对劳动技能的训练和人力市场的对接，帮助该人群实现就业，减少家庭负担。

《托养服务规范》作为残疾人服务领域的首个国家标准出台，意味着残疾人托养服务发展进入规范期，对国内残疾人托养服务科学化和专业化水平的提升，以及各地建立健全本地残疾人托养服务标准化建设提供了指引，为地方开展政府采购合适的残疾人托养服务提供依据。

（四）教育难，技能教授难度大

智障儿童年龄在不同国家界定有不同的标准，有的定义为14岁以下的智力落后儿童，有的定义为18岁以下的智力落后儿童。我国智障儿童是指年龄在18岁以下的智力障碍患者。现今社会对智障儿童的社会歧视仍客观存在，首先来自于家庭内部。观念落后，家庭教育缺失，据《智力障碍教育现状及对策》中实地调研发现，过半智障家庭家长认为智障孩子的人生希望较小，是家庭的负担，无法见人，甚至将孩子圈闭在家中，封锁其参与社会活动、建立社交关系的机会。因此只关注对孩子的基本照顾而忽略对其生活技能、性格等教育培养。而另一部分家长担心孩子受制于自身条件，遭受外部环境带来的危险，如受到学校其他同学的伤害和欺负。这两种家庭观念都阻碍智障儿童平等参与社会活动，走出家门，享受教育，丧失在早期培养个体社会生存技能的机会。其次接受教育的阻力也来源于残障家庭常面对的经济压力。智障儿童在教育表现上有如下问题（如表5-3-2所示）：

表5-3-2 智障儿童教育表现

问题1	知觉	知觉速度缓慢，范围狭窄，知觉内容笼统而不精确
问题2	记忆	缺乏逻辑，会发生大量歪曲和错误，识记速度慢，记忆保持差，记忆表象贫乏
问题3	言语	发展缓慢，词汇量小，缺乏连贯性，词义含糊，不能清楚、明确地表达自己的想法
问题4	思维	不合逻辑，判断能力差，不能完整地认知客体，概括能力差，难以理解概念（特别是抽象的概念）的确切含义，分析能力差，考虑问题不全面
问题5	性格	情绪不稳定，缺乏自控力，注意力不易集中，做事难坚持到底

国家政策规定中普通学校有负责教育智障儿童的责任和义务。但由于教学压力、升学压力等多方原因，导致更多学校和教师更注重对普通儿童的教授，而忽视智障儿童的关注和培养。另外普校教师也较难拥有智力障碍儿童

教育方法知识和经验，即使有心也无力而为。故在普校常见智障儿童学习成绩跟不上，最终被强制退学或升学无望等状况。另外在普校中，由于是普通儿童和智障儿童混合教学的方式，缺乏教育环境中对智障儿童及其教育的宣讲，导致学生间的歧视仍然存在，使得智障儿童更加难以融入学生群体，无法体会学校的成长时光。

目前已经有部分地区开设培智教育学校，但由于区域发展不平衡，导致只有少部分智力障碍儿童得以拥有学习机会，而对于一些经济落后的地方，智障儿童根本接受不到学校的教育。整体而言配置学校目前的资源尚需要提升，首先是师资资源，教授水平普遍不高，很多教师甚至不是特殊教育专业毕业，在从业前甚至没有跟智障人群真实地相处过，缺乏实践经验。其中原因是我国特殊教育，尤其针对心智障碍人群的教师培养相对薄弱。师资的劣势将直接影响智力障碍学生的康复和发展。教授材料的匮乏也问题明显，目前1988年编制的《弱智儿童教育教材》仍为学校的主要教材，但经过20年的实践，教材内容已经无法适应时代发展。

另外课程教授内容程式化，只是教授学生简单的识字和算术，课程也较为单一，没有针对智障学生生活不能自理的特点，开设康复训练、生活适应性训练等。训练生活场景包含衣食住行文教育，知觉训练包含视听触味嗅。如定时提醒大小便，帮助他们建立大小便的反射活动，并知道要去厕所解决的行为；教导他们独立更换衣服训练；教会他们正确的洗手、洗脸、漱口的方式；反复教导智障儿童不能随意走动，建立安全意识。

（五）视角转变，从"他助"到"自助"

设计在社会创新思维的引导下出现了新的挑战与机遇，在 *People Powered Health Coproduction Catalogue* 中对用户角色提出了一种新理解，即把人视为资源。智障人士即便存在社会性与生理性的弱势，也可以成为一种资源，如何让他们从社会福利中的被动的接受者变为主动的参与者，从资源的享有者变为资源的创造者，这将是面向智障人士进行服务设计时的新挑战。

从一个角度来讲，心智障碍人群，他们其实创造了大量的就业机会。有一万亿的市场，他们所需要的服务只是有别于普通人需求。而从本质与权利平等的角度来讲，满足这一万亿的市场，大概可以解决300万—500万人的就业问题。但它需要专业，需要前期的投入，需要对这种专业的认可，才能培养出足够的专业人员来供应给这个产业。从另外一个角度来说，智力障碍者接受适当培训，遇到合适机会，以及在工作场所得到一定的支持，他们能够为企业及社会创造出财富，也让他们真正实现独立自主和融入社会。关于智力障碍者的就业，可能涉及重要的辅助性支持的领域，包括如下一些方面：计算能力和读写能力；对指令及信息的综合理解能力；对非口语语言的理解；短期记忆力和长期记忆力；注意力的集中时间；主动性；解决问题的能力和做决定的能力；选择的能力；听从指令的能力；时间的认识、管理和组织能力；旅行及独立生活的能力；社会能力和生活适应力；生活能力和自我照料的能力。

政府为智障人士提供的服务通常是一些简单的、重复性的工作，如拧一次性牙膏盖子、穿衣服的吊牌等。他们参与普通生产中的某一个简单的环节，虽然成为生产过程中的"资源"，但是由于他们做出来的这些东西的外观与健全人相差无几，加上大众并不知道这些工作是他们所为，因此其价值并未被直观地展现。智障人士被纳入生产过程中，与能力不同的其他残障人士、管理员、社会组织及政府机构共同构建协作关系。这种协作有效地发挥了他们的自身能力并平衡了他们的不足。通过协作生产的形式，最终的产物可以成为大众消费品，智障人士参与的过程增加了其附加价值，但这种附加价值被大众认知与否，直接决定了智障人士参与协作的价值是否被体现。

相对正面的例子有"慧灵农场"及"善淘网"。慧灵农场是一个为智障人士提供农疗服务的农场，除了管理员外其余工作人员全部为智障人士，根据其能力的不同分配适合的工作，智障人士凭借相互之间的协作产出农产品，并自己将菜配送至固定餐厅。善淘网是一家慈善商店，鼓励人们将闲置物品捐赠到网上在线义卖，智障人士参与清洗二手衣物的环节。从整体上看该系统为智障人士提供了就业的机会，将其作为了服务中的平等的提供者。

二、"温馨家园摄影课程再设计"——智力障碍者的课程服务设计项目

（一）发现

1. 项目背景

（1）智力障碍者生活背景

①智力障碍群体自身生活质量较差，生活技能掌握度较低。

②智力障碍家庭面临高照料成本，导致家庭生活品质较低。

③针对智力障碍的服务内容缺乏，难以走出家门，参与丰富的社会生活。

（2）温馨家园服务现状

温馨家园是北京特色的残疾人服务品牌，目前已在北京建立522个站点。它以社区化空间为多类型残障群体提供综合服务，包含康复、教育、就业及日常生活等方面，帮助广大残疾人发挥潜能，充分融入社会，提升自身生活品质。

图 5-3-1　温馨家园工程

（3）智力障碍者服务使用现状

智力残疾人总共分为四个等级，均有学习能力，其中最低级的是一级，智商在 7—10 之间（如表 5-3-3 所示）。由于家庭照料成本较高，自我社会参与能力相对较低，目前温馨家园服务用户中一级智力残疾人占比最大。

表 5-3-3　智力障碍者分级标准

级别	分级标准			
	发展商（DQ）0—6岁	智商（IQ）7岁及以上	适应性行为（AB）	WHO-DAS Ⅱ分值 18岁以上
一级	≤ 25	<20	极重度	≥ 116
二级	26—39	20—34	重度	106—115 分
三级	40—54	35—49	中度	96—105 分
四级	55—75	50—69	轻度	52—95 分

2. 项目目标

提升智障群体在温馨家园课程类服务中的参与度和接受度，帮助该群体在课程中集中注意力、加强记忆，并有更强的参与感与意愿。

3. 研究工作

（1）实地调研

对温馨家园提供的摄影课程进行走访（如图 5-3-2 所示）。

图 5-3-2 温馨家园实地走访

（2）用户语录

走访过程中对"摄影"培训教师进行深度访谈（如图 5-3-3 所示）。

"没办法讲专业知识，一定要易理解"

"我也不知道他们吸收多少"

"不能用太贵的设备，成本太高，也易损"

"让他们保持兴趣是最难点"

图 5-3-3

（3）服务走查

通过对摄影培训课程中的观察发现：

智障群体在整体上课过程中，难以集中注意力认真倾听教师授课内容，并在过程中有大量的走神、交谈、犯困等行为，导致对课程内容的吸收质量较低。而当有更"趣味化"信息出现，正面情绪有明显上升。如当播放视频动画内容时，丰富变化的视觉信息会刺激他们的好奇心。如播放音乐时，节奏变化的听觉信息让他们回归到课件内容，保持专注（如图 5-3-4 所示）。

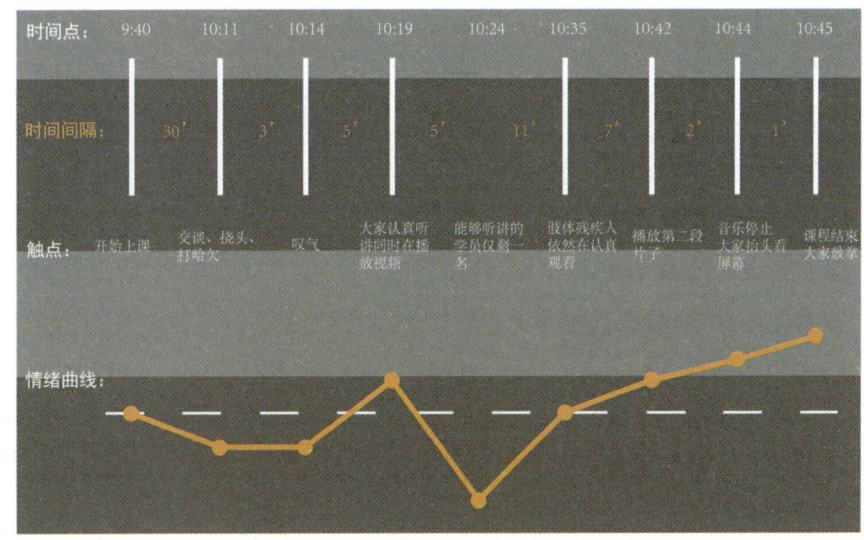

图 5-3-4 摄影课程中的用户情绪变化图

（二）定义

1.定义目标用户：用户画像 1

用户类型：课程学生

姓名：张小星

性别：男

年龄：15 岁

职业：暂无

智力状况：1 级智力障碍者

居住情况：父母同住

温馨家园服务使用程度：重度用户

（1）个人标签

①生活简单，常在温馨家园"打发时间"

②好动，易被有趣的信息吸引

（2）父母期望

①希望孩子在温馨家园能够有成长和进步

②希望培养孩子兴趣爱好，提升生活品质

2.定义目标用户：用户画像 2

用户类型：课程教师

姓名：崔大健

性别：男

年龄：70岁

职业：温馨家园课程志愿老师

负责内容：摄影课程培训

居住情况：与妻子同住

温馨家园从业时间：5年

（1）个人标签

①已退休，生活节奏较慢

②热心，希望帮助他人，创造社会价值

③空闲时间多，大量时间用于课程准备

（2）个人期望

①让课程更有吸引力，让更多人关注

②培养学生的摄影兴趣，将摄影带入个人生活

3.定义设计问题

我们如何帮助老师提高课程吸引力，让更多智力障碍学生真正融入课程、参与课程。

（三）发散

1.原型设计

以5分钟为节点来讲授内容，每5—10分钟更换一种教学形式（包括静态的摄影和动态的影像）；

使用教学道具（实体九宫格），并组织摄影实践应用课。

2.概念迭代

根据课件设计，实践上课中发现：

现有方案优点：

①教学道具让学生产生好奇心（九宫格构图）

②无文字教学内容降低学生走神、犯困频率

③以5分钟为节点切换动态/静态内容易保持学生持续专注

④户外实践能调动学生兴趣

现有方案缺点：

学生在课后遗忘大量关键内容

提供课堂学员笔记表，帮助学生抓住课程重点。

（四）交付

1. 作品展示（如图 5-3-5 所示）

图 5-3-5

2. 未来方向

以摄影课程为起点,通过重建课件信息设计逻辑,提高智力障碍用户课程参与度。在未来,聚焦以设计为课程赋能。探索联动高校资源,引入更多教师与学生,打造更丰富的课程内容与形式。并结合线上线下传播渠道,帮助温馨家园课程走出残障群体,用作品向社会发声(如图 5-3-6 所示)。

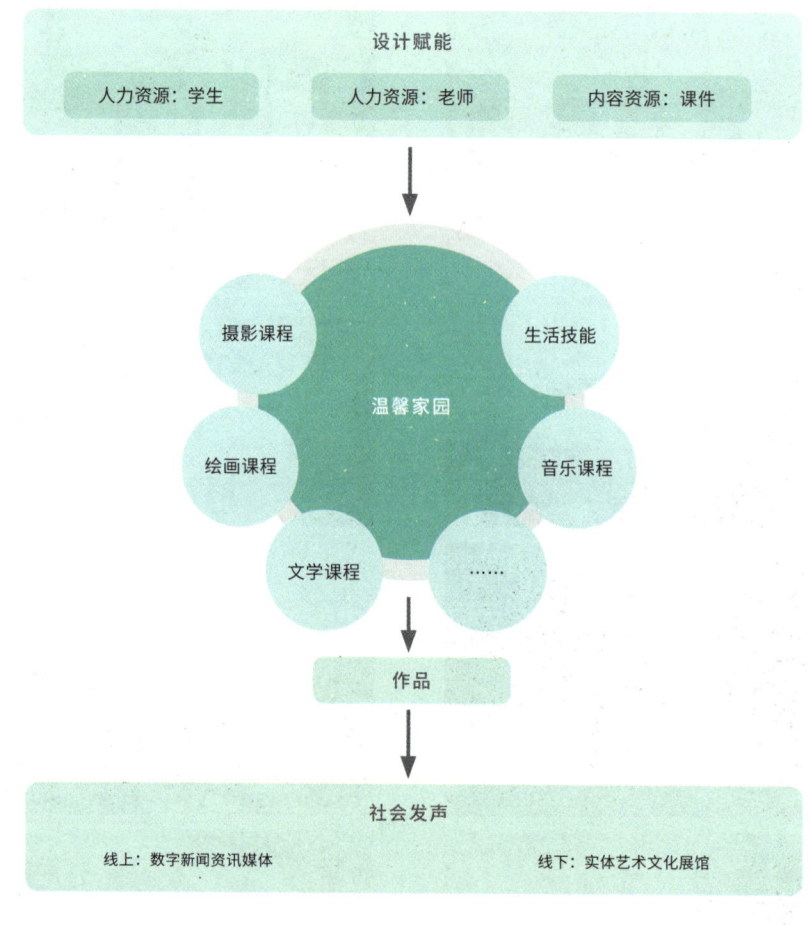

图 5-3-6

三、中国肢体障碍人群理解与服务探索

肢体残疾评定按照《第二次全国残疾人抽样调查残疾标准》定义。肢体残疾是指人体运动系统的结构、功能损伤造成四肢残缺或四肢、躯干麻痹(瘫痪)、畸形等而致人体运动功能不同程度的丧失以及活动受限或参与局

限。存在两种或两种以上残疾为多重残疾。肢体残疾者社会生活障碍相对其他残疾类型较少，但因其人口基数庞大，所以仍是社会建设的难点之一。

肢体残疾年龄与因素以外伤、血管性疾病为主。根据残疾人抽样调查显示，外伤占18.34%，血管性疾病占18.18%，小儿麻痹症占16.88%。然而随着小儿麻痹症预防工作的加强，因小儿麻痹症而致残的人数越来越少，已不再成为肢体残疾的主要因素。

常理而言，城市车辆拥挤，交通事故多，车祸伤残者多，工厂主要集中在市镇，工业劳动中的工伤事故多，因而造成的肢体残疾的可能性应多于农村。但残疾人抽样调查结果表明，农村肢残占总数的78.73%，而市镇只占21.27%。由此差异分析可见，肢残的主要原因还是因地方医疗水平发展不均衡，因农村医疗条件差，导致许多外伤得不到及时医治，从而致残。

1. 出行难：范围受限

对于肢体残疾人，身体机能阻碍了他们参与正常的社会生活，而其中主要的影响因素之一，就是出行不便。《无障碍环境建设条例》第十三条指出：城市的主要道路、主要商业区和大型居住区的人行天桥和人行地下通道，应当按照无障碍设施工程建设标准配备无障碍设施。在城市空间建立完善的无障碍环境是让肢残用户平等地走出家门，参与社会生活的主要条件。但在实际情况中，他们的出行仍然面对较大挑战。肢残者的出行主要以拐杖和轮椅为主，但我国部分地区的盲道建设尚处于初级阶段，盲道的存续断点，导致肢残者时常面对走着走着无路可走的尴尬窘境。在部分有完善盲道设施的区域，道路被占用又成了肢残者的"拦路虎"。从以上原因可以看出，现阶段无障碍设施建设缺乏系统统筹和宏观管控，导致区域和区域之间发展的不平衡，无障碍设施种类、数量和建设标准之间的差异。

除了"步行"的盲道之外，残疾人对交通设施配套的需求有公交车、出租车、地铁等。在公交车中，只有小部分城市，少部分公交车提供了公交车上车坡道，更多的情况是需要司机、其他乘客、肢残用户照料者协助搬运轮椅，让肢残用户成了需要他人帮忙的存在，造成"负担"的不良印象。在出租车中，尤其对于下肢残疾用户，需要经历反复地将轮椅折叠、收纳和上下车困难，被拒绝搭载的情况时常发生。这些情况都造成残疾人出行的不便、出行意愿的下降。

另外在更长期和现代的飞机出行中，障碍同样存在。根据民用航空局在 2015 年 3 月 1 日施行的《残疾人航空运输管理办法》要求，当航班座位数为 51 个至 100 个时，无人陪伴但需他人协助的残疾人数需为 2 名及以下；航班座位数为 101 个至 200 个时，为 4 名及以下；航班座位数为 201 个至 400 个时，为 6 名及以下；航班座位数为 400 个以上时，为 8 名及以下。这些限制条件极大地增加了残疾用户的购票难度，2019 年中央美术学院在对大兴机场的实地走访中发现，对开始有残障组团出游需求的用户群体来说，甚至无法成团共同出行。购票之后的办理流程也十分烦琐，特殊旅客登机前需要提交助残登机设备申请并经过同意，还需要提前两个小时办理登机与助残设备托运手续，增大了时间成本。最后上机后的体验也不佳，由于机舱中无法使用轮椅，只能由工作人员背旅客进出客舱，飞机出行体验从购票、办理到乘坐均不佳。

残疾人群的出行问题正严重影响着其社会活动的参与，长期发展将使他们被社会边缘化，无法共享社会文明发展成果。

2. 康复缺乏：发展不均

肢体残疾的主要康复需求包括贫困残疾人救助与扶持、医疗服务与救助、康复训练与服务、辅助器具。肢体残疾人在康复训练与服务及辅助器具两方面的康复需求比例低于专科医生根据残疾情况评定的比例，而在医疗服务与救助方面，无障碍设施也十分欠缺。提供康复服务的两种最基本的组织形式是专业机构康复和社区康复。专业机构康复主要集中在综合医院的康复医学科，可以提供较高质量的康复服务，但康复费用高，且服务范围小。社区康复主要是利用本社区的资源开展社区和家庭的康复服务，具有服务便捷、范围广、费用低等特点，是一种行之有效的康复服务形式。在《重庆市肢体残疾人调查及康复需求分析》中调研显示，大多数肢体残疾人未参加社会保险、养老保险及医疗保险，而且经济收入较低的农村肢体残疾现患率高于城镇，因此应积极发展服务便捷、范围广、费用低的社区康复，满足更广大肢体残疾患者的康复需求。

生理机能将由外及内影响心理状态，由于一、二级肢残人群在生理机能方面出现全面退化，易产生严重的自卑心理，究其原因可能是期望与残酷的现实之间的区别、环境适应困难等。康复工作需要延伸关注到严重肢残人群的心理需求，进行重点干预，辅助他们进行自我疗养和自愈，帮助其重塑健康的心理生活状态。三、四级肢体残疾患者心理状况、生活质量及社会支持优于严重肢体残疾患者，可见随着治疗、康复的进行，社会功能的逐步改善，残疾患者的心理健康及生活质量会有所改善。

四、"Hi！蝌蚪"——肢体障碍者的出行服务设计项目

（一）发现

1. 项目背景

（1）肢体障碍者出行现状

①各地区无障碍硬件设施配套不齐全，部分设施难运营。

②各地区无障碍出行服务发展不均衡，覆盖范围窄。

③无障碍出行信息传达率较低且信息更新难度大。

（2）肢体障碍群体出行意愿强

大部分语音转换 APP 所采集的声音样本种类少，无法根据用户的性别、年龄、个人的声音不同进行选择和调试。

（3）无障碍出行体验断点明显

从大众感知调查的无障碍调研来看，实际体验调查的普及率只有 40%，而大众感知的普及率只有 37%（如图 5-3-7 所示）。

现有无障碍设施在出入口、盲道、无障碍电梯、无障碍扶手等方面有待提

图 5-3-7　十大类场所无障碍设施整体普及率明细

升。拥有完善的无障碍设施配套,才能使出行体验真正落地,让用户顺利出行。

2. 项目目标

聚焦肢残用户出行,打造更具连续性的无障碍出行体验。

深度理解肢体残障用户出行逻辑,梳理出行旅程软硬件触点,探索无障碍出行服务升级。

3. 研究工作(如图5-3-8所示)

用户访谈工作

焦点小组工作

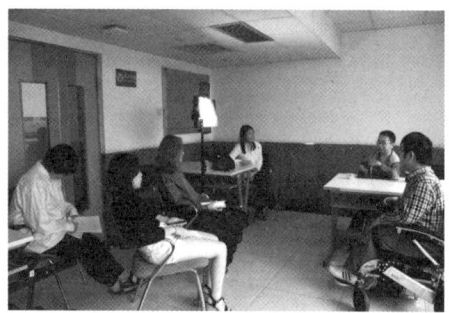

实地调研工作

信息分析工作

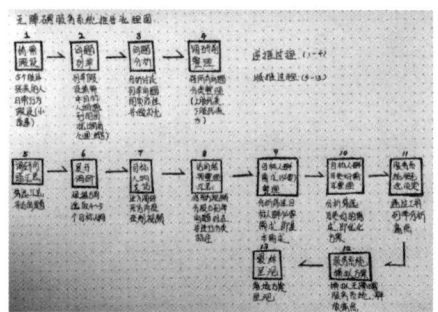

图 5-3-8

(二)定义

1.定义目标用户:用户画像

姓名:高小风

性别:男

年龄:20岁

职业:大学生

肢体障碍状况:中度

居住情况:学校住校

出行范围:北京市五环内

(1)用户摘要

高小风喜欢挑战自我,积极通过出行技能培训班提升独立出行能力。他认为残障群体易被忽视的首要原因正是无障碍环境的不完备,导致社会难以"看见"。他身体力行,主动搜集无障碍设施信息,帮助微信群内的肢残群体获取最新信息与最优路径。

(2)痛点需求

①无障碍设施点状存在,出行体验断点明显,难以真正有效出行。

②无障碍信息更新不及时,常有突发性设施占用、损坏等情况。

③个人收集能力有限,难以系统性整理。

④个人传播能力有限,只能小范围扩散。

2.设计定义问题

如何通过数字化的出行信息导航服务,保证肢残群体出行体验的连续性?

(三)发散

1.概念整合

"嗨!蝌蚪"出行地图服务

通过数字化出行服务助力肢障群体无障碍出行。

阶段一目标:

解决肢残群体出行的核心需求;

建立无障碍地图服务、无障碍设施位置信息库,为用户规划无障碍路线。

阶段二目标:

满足肢残群体生活服务需求;

与政府相关组织与商家合作，激励商家设置无障碍优惠，提高用户出行意愿。

"嗨！蝌蚪"为一款针对肢体障碍群体的出行导航地图数字服务软件，以帮助残障人士改善现有的困境，让他们可以独立而方便地行动，更好地融入公共生活。它是一个多向开发的软件，在电脑端、移动端均可兼容。

在第一阶段中，在地图服务内搭载无障碍设施信息库包含无障碍通道的位置，还包括无障碍卫生间、无障碍餐厅、无障碍游乐园、无障碍电影院，等等。后续将通过激励商家与用户方式，引入更多角色参与无障碍信息搜集，迭代无障碍出行地图。

在第二阶段中，计划提供更多衍生服务系列项目，如与政府相关组织与商家合作，帮助残障人士享受政策优惠，激励商家设置无障碍优惠，改善无障碍生活环境激励，激励更多用户走出家门。

2. 交互功能（如图 5-3-9 所示）

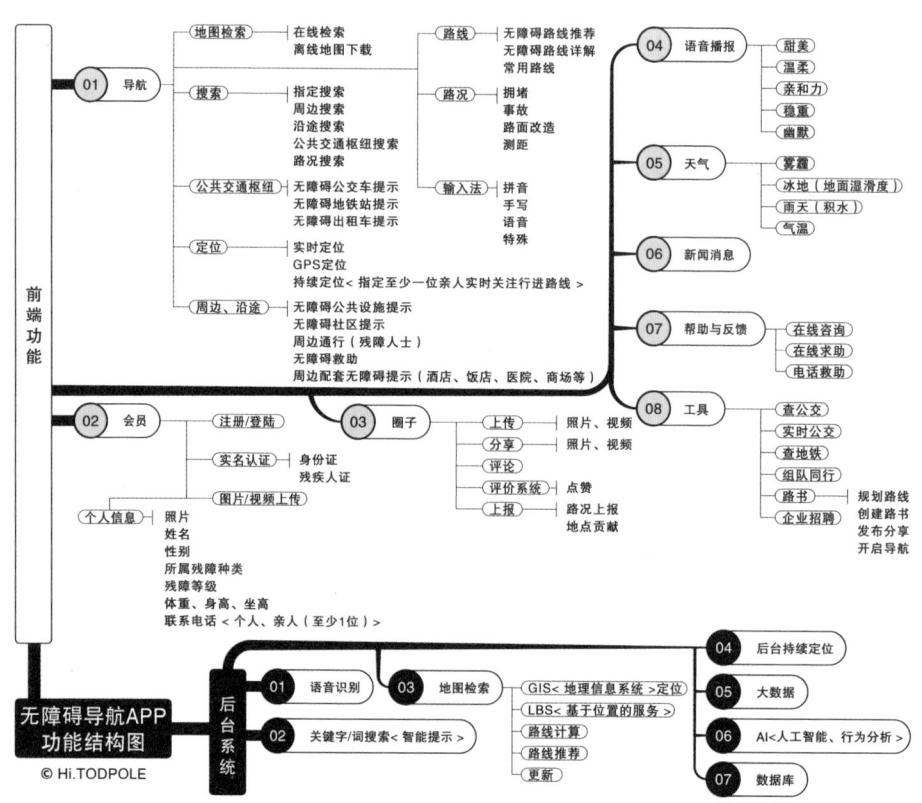

图 5-3-9

（四）交付

设计展示（如图 5-3-10 所示）

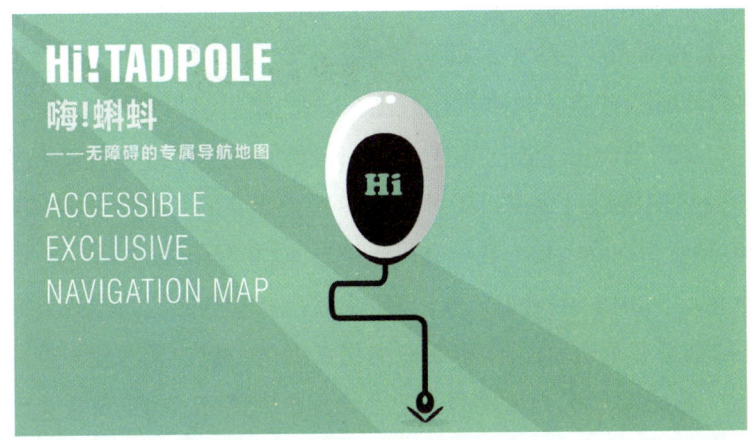

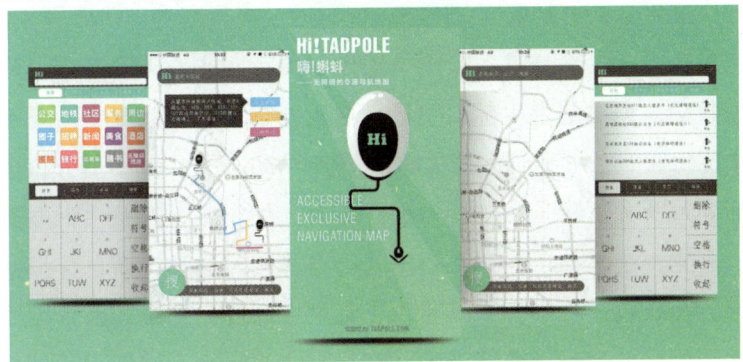

图 5-3-10

第四节　中国听力障碍人群理解与服务探索

一、中国听力障碍者生活现状

2006 年在第二次全国残疾人抽样调查中残疾标准对听力残疾的定义为：人由于各种原因导致双耳不同程度的永久性听力障碍，听不到或听不清周围环境声及言语声，以致影响日常生活和社会参与。听觉障碍主要表现为声觉信息的损失，它将会影响语言及认知的发展并会产生心理和行为问题。

目前从年龄结构来看，老年为听力下降的高发病人群，45—64岁人群间发病概率为14%，65—75岁之间为30%，而75岁以上人群发生概率则高达50%，在整体听力残疾人口中占比较高，轻中度听力残疾多。同时，我国目前社会人口结构老龄化趋势日益明显：预计到2040年，65岁及以上老年人口占总人口的比例将超过20%，80岁及以上高龄老人将增加到7400多万人，预计2040年听力下降发病人数将有可能接近4000万。

与之相反，2018年我国0—14岁听力残疾儿童总数超过460万名，其中7岁以下的聋哑儿童达80万名。每年全国新增听力残疾儿童达3万名以上，每年还会发现6—8万名迟发性耳聋患儿，其中大部分为重度或极重度感音神经性耳聋，由此可见，儿童虽占比小，但重度及极重度听力残障居多。

目前在我国，大部分听力障碍与遗传有关，在非先天因素中，药物致聋因素占比最高，据早前卫生部门统计，在我国7岁以下儿童中，因不合理使用药物（抗生素等）导致听力损失的孩子多达30万人，其中部分孩子因注射链霉素而导致听力下降。和传统先天性听力损失相比，迟发性听力损失更不易被家长察觉，这些孩子往往在新生儿听力筛查时通过，而自身携带高风险听障基因，在成长过程中，或因药物中毒、中耳炎、发烧等因素导致听力损失，在这些情况发生时，携带听障易感基因的儿童比不携带听障易感基因儿童更容易受到影响，如果不能事前防范，则很容易"中招"。我国听障基因突变（高风险致聋基因）比例为4.37%，也就是说，每100名中国人里，有4—5人携带高风险听障基因。

（一）康复难：经济负担

早期干预是指对有发育缺陷或有发育缺陷可能性的学龄前儿童及其家庭，开展包括教育、保健、医疗、营养、心理咨询、社会服务和家长指导等一系列服务。早期干预包括"三早"，即早期发现、早期使用助听器或人工耳蜗，以及早期系统的听力和言语康复。

康复是帮助残疾人恢复和补偿功能，增强生活自理和社会适应能力，平等参与社会生活的基础。残疾人康复机构从无到有，专业队伍建设不断加强，工作体系、业务格局、运行机制逐步建立，服务能力日益提高。残疾人康复条件逐步完善。

听力康复需求与服务普及率存在差距。我国听力残疾人群康复服务普及率低，医疗服务和辅助器具需求与供给差距突出，辅助器具的需求比例和接受比例差距悬殊。根据中国残疾人联合会发布的《2018年残疾人事业发展统计公报》，2018年66.1万残疾儿童及持证残疾人已经得到基本康复服务，相比较7200万听力残疾人口，这样的康复普及率却很低，听力康复服务普及率还有很大的提升空间。

（二）教育难：教育环境

听障大学生受教育过程中需要面对的四个障碍分别为：资源、语言和沟通、相关服务人员的资质以及社会情况。前两种障碍分别是为听障患者提供服务的专业人员和护理人员的知识量匮乏，或者是这两种人员之间缺乏有效合作；第三种障碍是提供服务的机构资格不足；第四种障碍为有限的学校住宿条件，以及对听障患者幼儿期的发展缺少关注，从而使得听障儿童在受教育期间更加困难。造成目前残疾人教育现状及特点的原因：经费投入不足；教育体系不完善，培养方式单一；社会刻板印象。为了保障残疾人的学习权益，我国不仅制定了法律，还出台了一系列考试政策。例如，为听力障碍考生免除外语听力考试，允许听力残疾考生携带助听器、人工耳蜗等助听辅听设备，免除外语听力考试的残疾考生的外语科成绩，按"笔试成绩 × 外语科总分值 / 笔试部分总分值"计算等。

（三）沟通难：求助难度大

由于听力语言的障碍，他们中的大多数使用的是手语。而目前手语在我国的聋人群体之外普及率很低，所以沟通困难是制约聋人事业和社交发展的极大障碍。

全国政协委员、中国听力语言康复研究中心常务副主任调研总结发言，"听力残疾人虽然具有一定劳动能力，但沟通障碍是影响他们通过就业脱贫的重要因素。"很多听力残疾人受条件所限，幼年时期未能及时干预，长大后只能使用手语交流，给工作和生活都带来不便。目前社会工作高度协作化，即使不需要直接面对客户，工作中同事之间也需要高频的沟通交流，受制于手语的小范围普及，导致听障者的事业发展受到极大限制。

听力障碍者在社会表现上，是一个特殊的群体，在不需要听说读写的时候很难看出他们有什么残疾。遇到紧急情况下，当他们需要对外求助的时候，沟通就成为一大难题。对大众来说，遇到生活中突发的紧急状况，首先想到的便是拨打120急救电话，但对于听力障碍者，却非常困难，他们无法通过即时语音的形式表达自己的处境和想法，没办法快速传递信息，对于听障者来说，即使表达了部分信息，但无法知晓反馈和指引，都使得他们在紧急情况下的问题无法通过120等平台解决。

2019年，针对听障者最关心、最现实的医疗急救问题，中国聋人协会携手北京依众公益基金会在全国推出多媒体无障碍报警平台。该报警流程十分简捷，首先听障者通过"微急救"微信公众号录入个人档案信息及残疾人证件号。当发生紧急情况时，点击"120报警"，系统将自动向120急救中心推送个人档案及详细定位信息，同时建立多媒体沟通通道，患者可实时将文字、图片、视频发送给急救中心，实现高效求助。

二、"MoodTalk"——听力障碍者的沟通服务设计项目

（一）发现

1. 项目背景

（1）听力障碍群体使用的现有声音转换软件服务难点

①声音类型较少，只包含1—2种声音类型。

②声音表达僵硬，仅为标准化且不自然的人工智能音色及语调。

（2）声音类型较少

大部分语音转换 APP 所采集的声音样本种类少，无法根据用户的性别、年龄、个人的声音不同进行选择和调试。

（3）声音表达僵硬

另外，声音样本大部分由人工智能生成，表达较为僵硬。因此很多用户评价，交谈过程难以表达情绪及感情，导致在交谈场合中显得不自然和尴尬。

2. 项目目标

聚焦听力障碍用户沟通场景，回归听障者沟通场景与需求，通过数字服务提升该群体社交沟通体验，打造针对性沟通工具。

3. 研究工作

（1）服务走查

对市场中已有的声音转换软件提供商进行服务走查，探索使用现状及体验问题。

（2）用户语录

招募并对用户进行深度访谈，探索听障用户的使用问题及潜在需求。

（3）问题分析

使用问题及需求总结。

（二）定义

1. 定义目标用户：用户画像 1

姓名：金敏喜

性别：女

年龄：17 岁

职业：学生

性格：内向，安静

听力情况：中高度听力损失，有部分口语表达力

（1）用户目标与需求

目标：根据我的感情或情况选择多种口音，实现文字语音转换

需求：丰富感情，传达多样语气

"我希望聊天时，能让别人知道我是高兴还是失落。"

（2）声音转换平台使用状况

平台使用次数：每周 4—5 天

常用软件：Text To Speech–T、TSText To Speech TTS2000

主要困难：语音转换软件的僵硬而不自然的人工智能语气。

（3）故事

金敏喜是使用手语的听障者。她与不懂手语的健全人聊天时常使用文字沟通，时常使用文本语音转换软件。虽然信息传达方面没有什么大问题，但是因为僵硬，不自然的人工智能的语气，感觉情感表达不足。另外，由于划一的人工智能语气，无法根据情况和感情多样使用，在沟通上受到限制。

2. 定义目标用户：用户画像 2

姓名：李玹雨

性别：男

年龄：25 岁

职业：学生

性格：内向，乐观

听力情况：极重度听力损失

（1）用户目标与需求

目标：选择符合性别和年龄的声音，提高以与本人形象相近的声音沟通体验

需求：提供符合每个人的性别/年龄的各种声音

"我想用符合我的年龄和形象的声音自然地接近并交流。"

（2）声音转换平台使用状况

平台使用次数：每周 3—4 天

常用软件：Text To Speech-T、TSText To Speech TTS2000

主要困难：语音转换软件沟通音色选择范围小。

（3）故事

李玹雨主要是通过文字进行沟通的听力障碍者，他在沟通时经常使用文本语音转换软件。他对于正在普及的语音转换软件的声音感到不满，因为从语音转换软件中传送的人工智能声音的选择范围非常小。他希望声音能真正合适自己，但是应用程序提供的声音大部分都是女性或者机器声，缺乏多样性。他担心沟通对象会因为这"不一样"的声音，无法了解真实的"我"。

3. 定义设计问题

目标：为听障群体打造更丰富和情感化的沟通工具。

①声音设置

②改善僵硬、整齐划一的人工智能语气。

任务：

①根据性别和年龄提供多样的声音。

②根据"我"的感情和情况能提供各种自然的语气。

（三）发散

1. 概念整合：用户使用流程

Moodtalk 用户使用旅程（如图 5-4-1 所示）

对方攀谈或者开始对话

打开 Moodtalk 软件

软件首页上的声音和语气中点击声音

在声音类别中选择符合自己的性别与年龄的声音

然后回到首页上点击语气

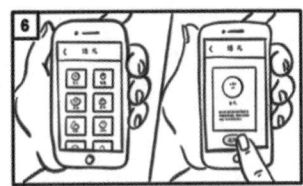
在语气类别中选择符合情况、感情的语气

返回首页，输入要回答中央的内容并按下播放按钮

给对方播放输入的内容

并且作为辅助功能也可以转换为语音-文本

点击麦克风图标后说话的话，可以看转换文本的内容

然后可以直接分享，复制，收藏内容。比如这可以活用在重要约定，会议内容等保存及共享

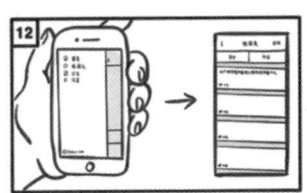
menu有更详细的功能，可以查阅收藏列表和对话记录

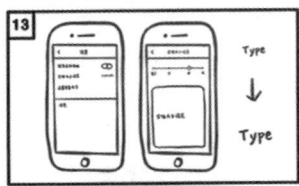
然后在设置中可以调整字体的大小，文字大小调整共由4个阶段组成

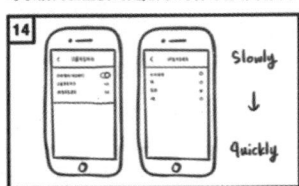
除此之外，还可以调整发音速度、自动播放功能等细节的调整

不是用现有的人工智能声音与生硬的人工智能语气，而是通过各种声音和语气来表达丰富感情，帮助深层的沟通。

图 5-4-1

2. 模式梳理：利益相关者关系（如图 5-4-2 所示）

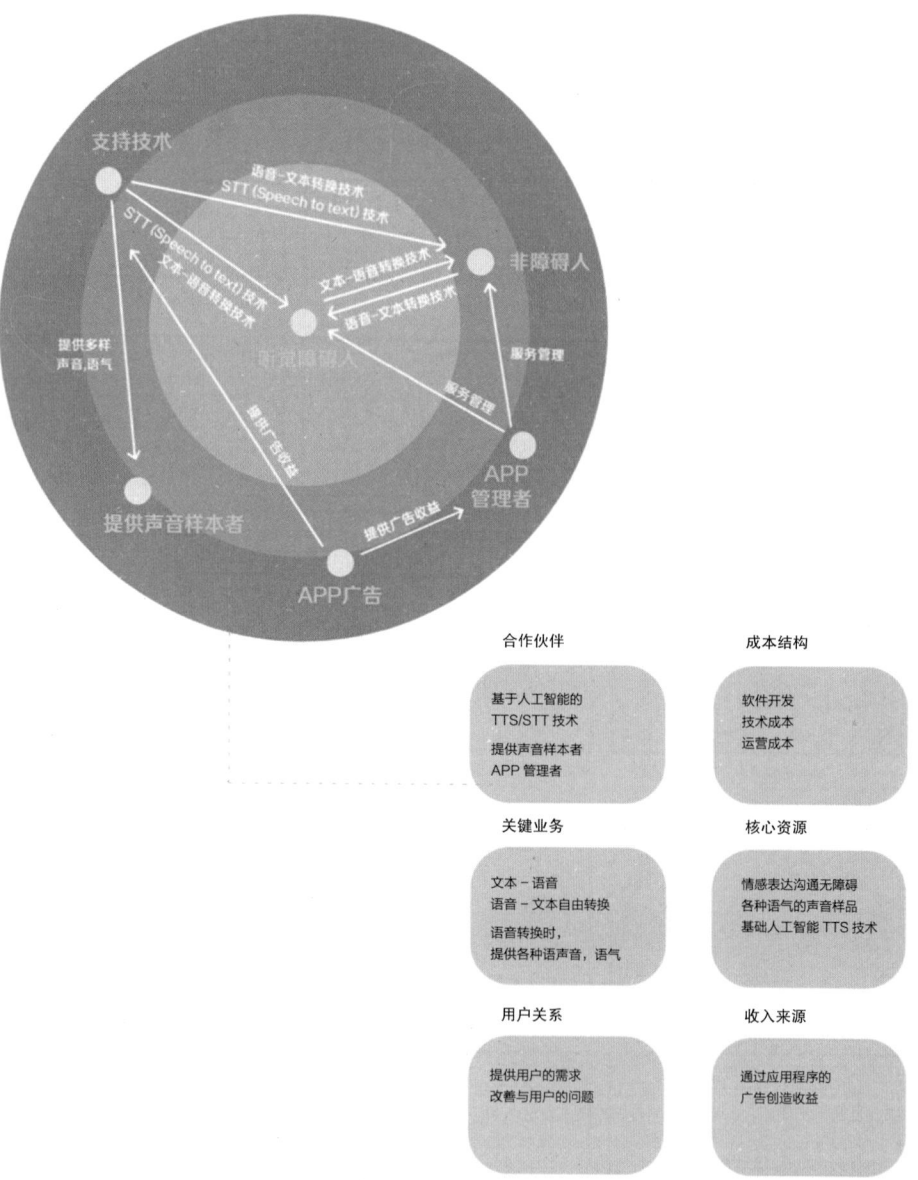

图 5-4-2

（四）交付

1. 交互产出：核心功能与交互流程（如图 5-4-3、5-4-4 所示）

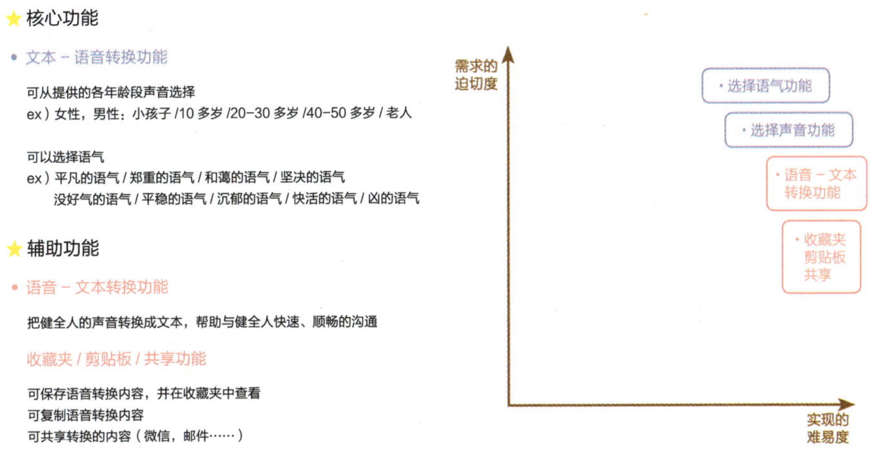

核心功能
文本 - 语音转换功能
可从提供的各年龄段声音选择
ex）女性，男性：小孩子 /10 多岁 /20-30 多岁 /40-50 多岁 / 老人
可以选择语气
ex）平凡的语气 / 郑重的语气 / 和蔼的语气 / 坚决的语气
没好气的语气 / 平稳的语气 / 沉郁的语气 / 快活的语气 / 凶的语气
辅助功能
语音 - 文本转换功能
把健全人的声音转换成文本，帮助与健全人快速、顺畅的沟通
收藏夹 / 剪贴板 / 共享功能
可保存语音转换内容，并在收藏夹中查看
可复制语音转换内容
可共享转换的内容（微信，邮件……）
需求的迫切度
・选择语气功能
・选择声音功能
・语音 - 文本转换功能
・收藏夹 剪贴板 共享
实现的难易度

图 5-4-3

首页
导航栏
语音文本转换
文本语音转换
收藏夹
记录
设置
记录自动保存
字体大小设定
设置发音听力
自动播放
设置重复听力
调整发音速度
信息
语音输入
设定性别
女性
男性
设定年龄
10以下
10-20
20 - 30
40 - 50
50以上
设定语气
平凡的语气
郑重的语气
和蔼的语气
坚决的语气
没好气的语气
平稳的语气
沉郁的语气
快活的语气
凶的语气

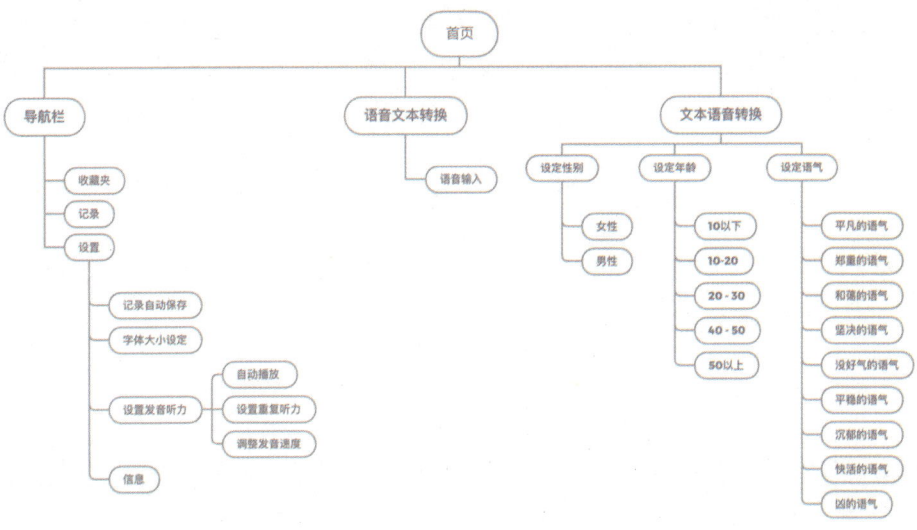

图 5-4-4

2. 视觉概要：视觉标识与整体风格（如图 5-4-5 所示）

图 5-4-5

3. 界面设计——详细展示（如图 5-4-6 至 5-4-17 所示）

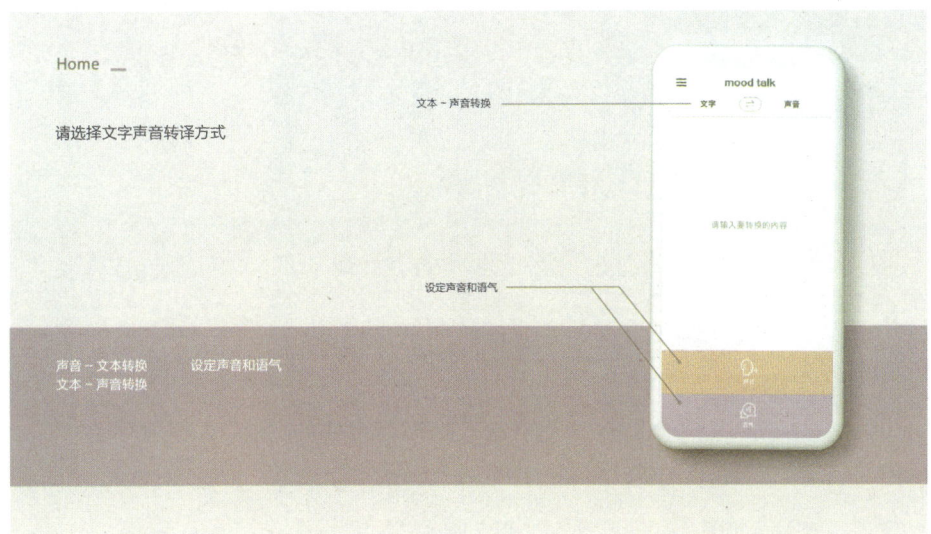

图 5-4-6

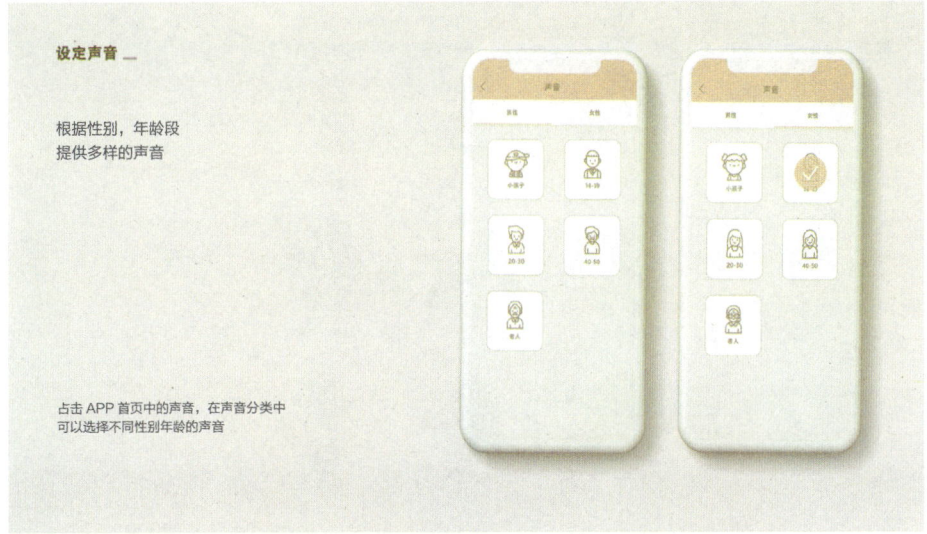

图 5-4-7

图 5-4-8

图 5-4-9

第五章　中国无障碍服务设计探索

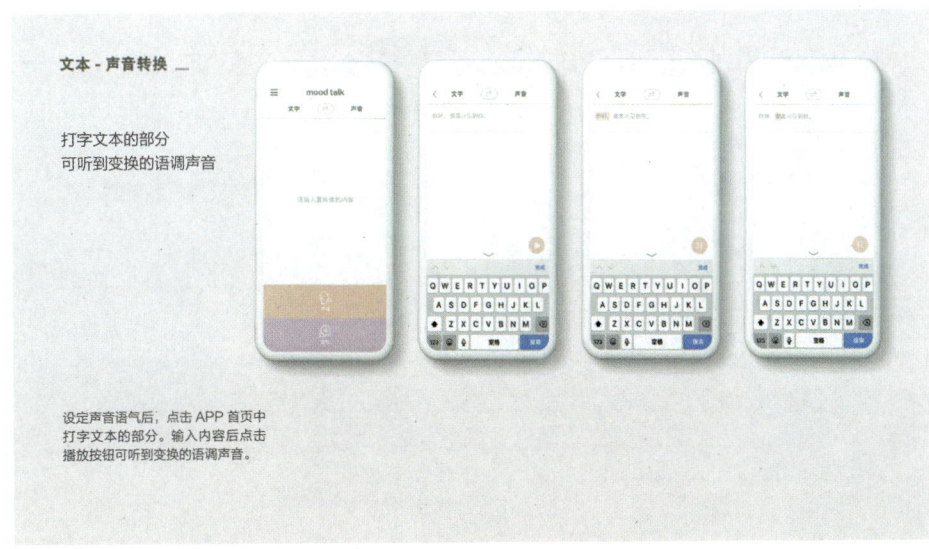

图 5-4-10

图 5-4-11

共享 / 收藏 / 剪贴板

转换文本时
可使用其他功能

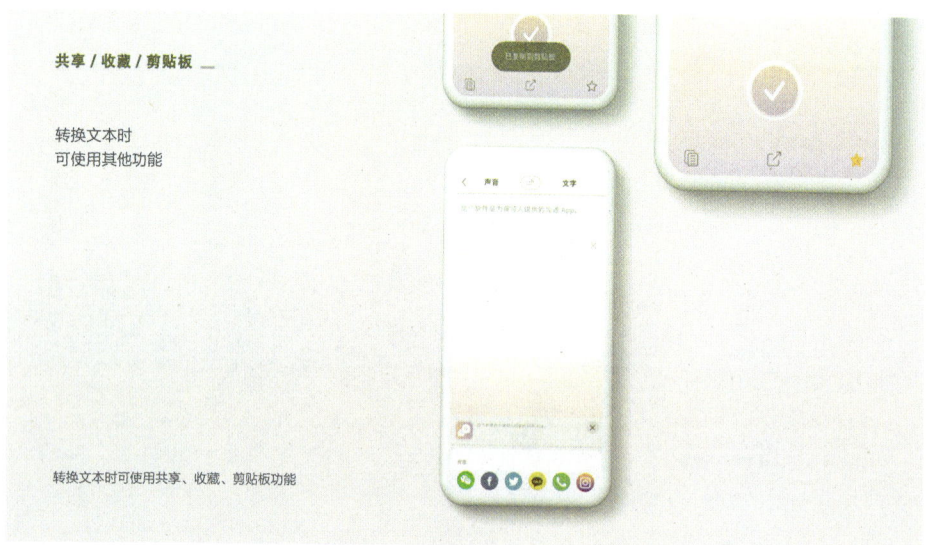

转换文本时可使用共享、收藏、剪贴板功能

图 5-4-12

Menu - 收藏夹 / 记录 / 设置

在主菜单内提供
收藏夹，记录，设置功能

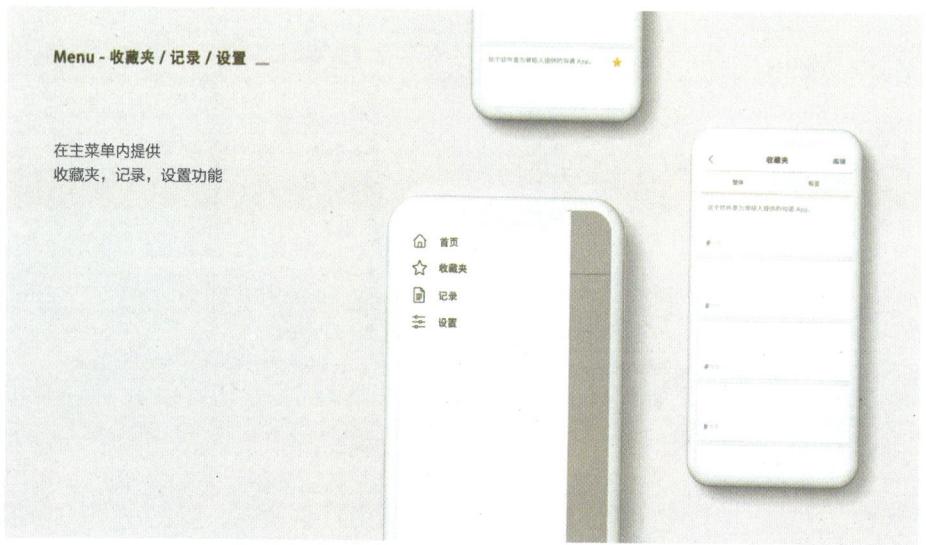

图 5-4-13

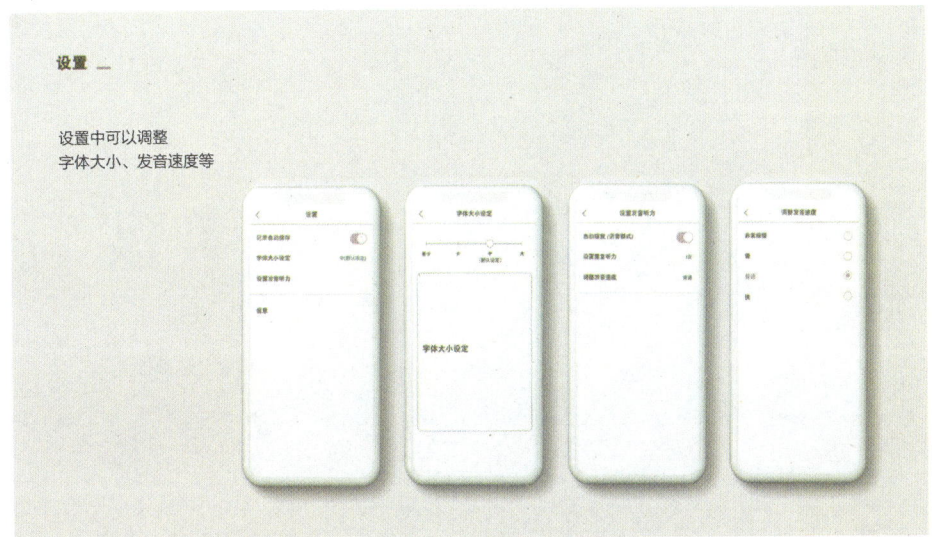

图 5-4-14

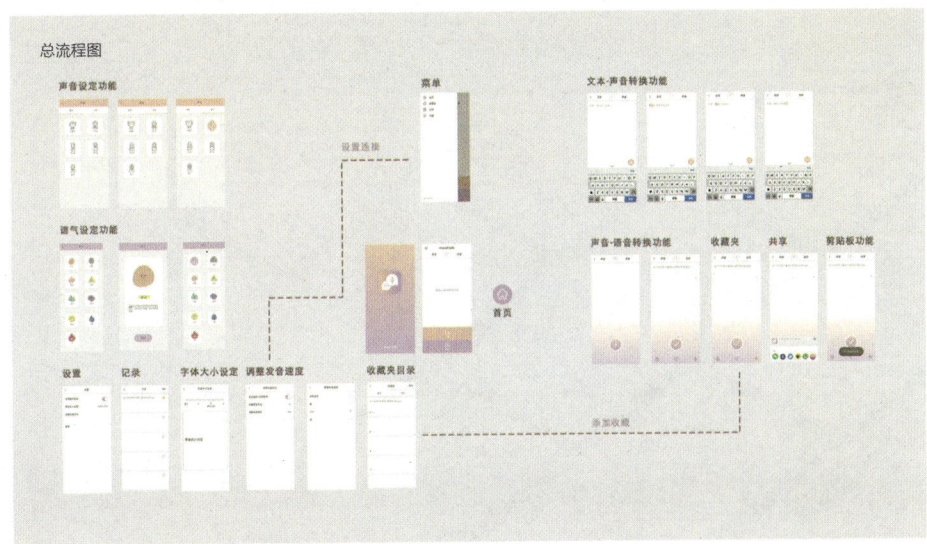

图 5-4-15

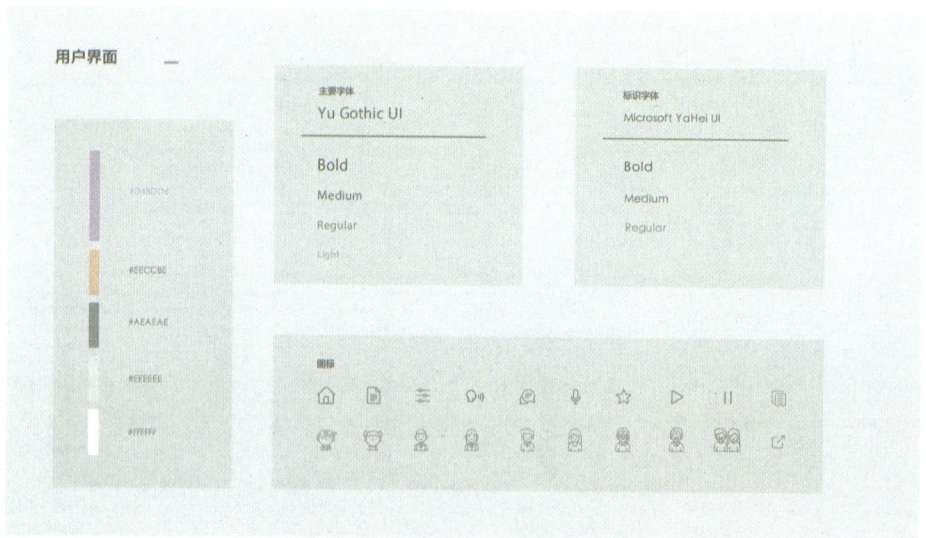

图 5-4-16

图 5-4-17

参考文献

[1] 韩宇翃，曲延瑞.北京人口老龄化背景下居住区无障碍设施研究［J］.城市建设理论研究，2013（35）：1-6.

[2] 华夏时报社.用科技"读光"：无障碍服务设施为视障人士开启新生活［EB/OL］.https://finance.ifeng.com/c/820e1D72R7Y，20-12-07.

[3] 中国青年报.三单位发起"读光计划"用科技服务视障人群［EB/OL］.https://k.sina.cn/article_1726918143_66eeadff020011zql.html?kdurlshow=1&mod=wpage&r=0&tr=381，2020-12-03.

[4] 腾讯科技.腾讯将开放多项无障碍AI技术，希望助力更多无障碍场景服务［EB/OL］.https://k.sina.cn/article_1726918143_66eeadff020011zql.html?kdurlshow=1&mod=wpage&r=0&tr=381，2018-03-28.

[5] 新华网.90后视障女孩探索互联网"盲道"［EB/OL］.https://baijiahao.baidu.com/s?id=1681934011134104807&wfr=spider&for=pc，2020-10-30.

[6] 祝长康.全面推进我国的无障碍环境建设［J］.标准生活，2018（10）：22-27.

[7] 毛艾琳.构建残疾人人力资源开发体系［J］.北京劳动保障职业学院学报，2008（2）：34-36.

[8] 高峰.无障碍设计在市政道路设计中的运用［J］.建筑工程技术与设计，2018（13）：1-1.

[9] 陈曦.中国无障碍（上篇）［J］.中国残疾人，2016（3）：26-29.

[10] 王治江.司法无障碍理念的提出与适用［J］.法律适用，2013（3）：119-120.

[11] 陈县明.公共治理视野下当代中国残疾人权益保障机制研究［D］.南昌：江西财经大学.

[12] 代小俊.公共建筑无障碍环境设计［J］.房地产导刊，2015（21）：88-88.DOI：10.3969/j.issn.1009-4563.2015.21.087.

[13] 徐奇渊，孙靓莹.联合国发展议程演进与中国的参与［J］.世界经济与政治，2015（4）.

[14] 李娟.完善中国残疾人服务业立法的路径选择——以国际社会立法实践为视角［J］.华南师范大学学报（社会科学版），2015（4）：135-142.

[15] 解韬.建立和完善残疾人家庭扶助制度初探［J］.经济研究导刊，

2013（33）：105-107.

［16］宋叶.智力障碍者社会保障权研究［D］.济南：山东大学.

［17］肖昕茹.上海市残疾人社会空间研究［D］.上海：华东师范大学，2010.

［18］林映遂.普通高校残疾学生管理与服务体系改革研究［D］.广州：华南理工大学.

［19］罗登.残疾人事业发展中思想政治教育的功能研究［D］.成都：四川师范大学.

［20］刘亚娟.中国残疾人体育现状调查研究［J］.当代体育科技，2013，3（22）：123-124.

［21］中共深圳市委，深圳市人民政府.深圳市人民政府关于促进残疾人事业发展的意见［EB/OL］.http://www.sz.gov.cn/zfgb/2009/gb658/content/post_4977258.html，2009-07-08.

［22］郭钰霞.农村残疾人社会保障存在的问题及对策［J］.长春工程学院学报（社会科学版），2014（4）：18-22.

［23］中国政协网.无障碍细节决定成败［EB/OL］.http://www.cppcc.gov.cn/zxww/2017/02/10/ARTI1486694178327563.shtml，2017-02-10.

［24］广西住房和城乡建设厅标准定额处（文），广西住房和城乡建设厅标准定额处.大爱无障碍　共享促文明——广西大力推进无障碍环境建设［J］.广西城镇建设，2018（9）：8-25.

［25］卫明.行之大道　天下无碍［J］.工程建设标准化，2017（6）：6-7.

［26］尹虎.轮椅使用者的城市交通枢纽无障碍环境研究［D］.北京：北方工业大学，2018.

［27］中国残疾人联合会.2014—2019年残疾人事业发展统计公报［EB/OL］.https://www.cdpf.org.cn/，2020-04-02.

［28］智研咨询.2019年中国残疾人康复服务人数、机构数量和康复设施情况［EB/OL］.https://www.chyxx.com/industry/202004/852454.html，2020-04-16.

［29］关文军，颜廷睿，邓猛.我国通用手语等级标准的研制：基于语言测试理论发展的思考［J］.中国特殊教育，2014（11）：34-39.

［30］中国残疾人联合会.中国残疾人事业统计年鉴（2016）［M］.北京：

中国统计出版社,2016:20.

[31] 江小涓.中国进入服务经济时代[EB/OL].https://www.gmw.cn/xueshu/2018-08/29/content_30852214.htm,2018-08-29.

[32] 中国消费者协会,中国残疾人联合会.2017年百城无障碍设施调查体验报告[EB/OL].http://www.cca.cn/jmxf/detail/27797.html,2017-12-14.

[33] 中国青年网.中国无障碍:现在与未来——《无障碍环境建设条例》实施七周年综述[EB/OL].https://politics.gmw.cn/2019-08/01/content_33047290.htm,2012-08-01.

[34] 慈善公益报.助餐服务:让残疾人实现用餐无障碍[EB/OL].http://gongyi.people.com.cn/n1/2019/0408/c151132-31017399.html,2019-04-08.

[35] 邸晓婷.航站楼公共设施的情感化设计研究[D].南昌:南昌航空大学.

[36] 吕洪良.无障碍设施与服务一个都不能少[J].中国残疾人,2019(3):48-49.

[37] 张茫茫.智能城市背景下的无障碍设计研究[J].残疾人研究,2016(1):39-44.

[38] 新华网."互联网盲道"建设任重道远[EB/OL].https://baijiahao.baidu.com/s?id=1655752551738180354&wfr=spider&for=pc,2020-01-15.

[39] 经济日报.美团点评启动"无障碍服务三年行动计划"公益项目[EB/OL].http://www.ce.cn/cysc/sp/info/201812/03/t20181203_30933204.shtml,2018-12-03.

[40] 中国信息通信研究院,深圳市信息无障碍研究会.中国信息无障碍发展白皮书(2019年)[R].中国:中国信息通信研究院,深圳市信息无障碍研究会,2019.

[41] 酷鹅用户研究院.2018年视障网民移动资讯行为洞察报告[R].中国:腾讯,2018.

[42] Stickdorn, M. and Schneider, J., 2010. This is service design thinking. Amsterdam: BIS Publishers.

[43] 中国信息无障碍产品联盟秘书处.让每个人都拥有无障碍的工作和生活环境[J].中国信息无障碍产品联盟,2016(3):1-20.

［44］戴晓晓.深圳无障碍出租车来了［EB/OL］.http://static.nfAPP.southcn.com/content/202007/02/c3718959.html?group_id=1,2020-07-02.

［45］中国文化报.文化传播无障碍荷兰国立博物馆的暖心策略［EB/OL］.http://www.ce.cn/culture/gd/202001/13/t20200113_34110935.shtml,2002-01-23.

［46］中国经济网.视障人士,欢迎来到"光明影院"［EB/OL］.https://baijiahao.baidu.com/s?id=1634289798490571474&wfr=spider&for=pc,2019-05-23.

［47］杨宜勇,吴香雪.无障碍战略与残疾人扶贫问题研究［J］.中州学刊,2017（11）:67-74.

［48］王献蜜,刘梦.我国残疾人婚姻家庭现状及主要需求研究［J］.中华女子学院学报,2008,20（3）:51-57.

［49］严均梦.城市残疾人婚恋问题研究［D］.黄石:湖北师范大学.

［50］赵佳颖,杨明胜.新形势下残疾人就业促进问题浅析［J］.法制与社会,2008（22）:227-228.

［51］中国残联.2013年度中国残疾人状况及小康进程监测报告［R］.中国:中国残联,2014.

［52］杨炼.论残疾人就业权的法律保障［J］.现代商贸工业,2015,36（10）:178-180.

［53］杨晓慧,王宁利.中国视力残疾人群现状分析［J］.残疾人研究,2011（1）:29-31.

［54］欧阳鹏.城市机动性与反社会排斥——国外城市无障碍交通规划对策的启示［J］.现代城市研究,2008,23（8）:60-69.

［55］高天瑜,庞娜,郑晴,等.对盲人出行情况研究以及出行空间设计思考［J］.经营管理者,2017（22）:66.

［56］代小俊.公共建筑无障碍环境设计［J］.房地产导刊,2015（21）:88-88.DOI:10.3969/j.issn.1009-4563.2015.21.087.

［57］连赟.当前国外特殊音乐教育现状及其对当代中国的启示［J］.艺术百家,2012（z2）:394-398.DOI:10.3969.

［58］茅艳雯,马红英.发达国家残疾人高等教育研究综述［J］.中国特殊教育,2010（3）:8-13.

［59］张晖,王萍.残疾人就业需求愿望与现实满足的影响因素研究［J］.

西北大学学报（哲学社会科学版），2011，41（6）：27-31.

［60］王妙侠.浅析智障儿童教育现状及对策［J］.课程教育研究：学法教法研究，2016（8）：88-88.

［61］巩淼森，李瓛，张霁.面向智障人士的协作服务设计研究［J］.包装工程，2016，37（20）：74-78.

［62］吴燕丹，李规彬，杨家辉.智力障碍托养服务课程设计与就业促进研究［J］.闽南师范大学学报（自然科学版），2015，28（1）：101-106.

［63］杨志金，舒彬，马占山，颜凤华，蒋宛凌，吕琳，方响琴.2006年重庆市残疾人抽样调查流行病学特征及康复需求分析［J］.第三军医大学学报，2010（5）：474-477.

［64］黄胜春，贡东卫，伍毅，陈优，张艳娟.不同等级肢体残疾患者心理健康状态比较研究［J］.同济大学学报（医学版），2011，32（5）：90-93.

［65］教育部.教育部、残联：为残疾人参加高考提供合理便利服务［EB/OL］.http://www.gov.cn/xinwen/2015-05/15/content_2862454.htm，2015-05-15.

［66］孟繁玲.聋人大学生就业难的因素及对策研究［J］.中州大学学报，2005，22（3）：111-112.

［67］新华社北京.中国聋人协会：鼓励听障人士使用多媒体无障碍报警平台［EB/OL］.https://baijiahao.baidu.com/s?id=1685041710743128306&wfr=spider&for=pc，2020-12-03.

后 记

中国特色社会主义进入新时代以来，我国的无障碍建设事业取得了长足进步，残疾人的生活保障和便利性持续改善，这些进步都得益于我国对无障碍服务设计的观念的转变。在我国的无障碍建设初期，主要法律和政策方向是基于"残疾的医疗模式"认知，残疾人是应当被作为福利赠予、慈善捐助、社会帮扶等活动的受众，而不是有独立能力，能够向社会输出价值的个体。残障人士被区别对待，被隔离于社会主流之外，导致非残障的社会主流人群对于残障人士存在歧视和异样视角，并且反向影响残障人士所获得的教育资源、公共资源和个体自信。随着无障碍服务设计理念的不断更新，作为社会文明进步的重要标志，我国对待残障人士的视角逐步从"医疗模式"转变到"社会模式"。

在社会认知层面，党和各级中央人民政府及残联等国家组织，强烈号召以尊重、接纳、理解、关心残疾人为主要方向，帮助残障人士实现其权利，幸福而充分地融入社会生活，共享改革开放所带来的社会物质文化的成果。与此同时，我国出台了保障残疾人权益的《中华人民共和国残疾人保障法》《残疾人权利公约》等根本性文件，推出了《无障碍环境建设条例》《关于促进残疾人事业发展的意见》等具有落地指导意见的政策法规。充分征求无障碍针对的社会人群意见，并结合各省具体实际，出台可切实落地的无障碍设施建设、管理规定。政府通过明确的执法主体，专项管理的相关部门，明确的失职追究机制来保证法律法规的贯彻落地。最后，在实践环节上，我国将城市道路和公共建筑的无障碍设施建设列入依法行政的大局，作为城市建设的形象工程和民生实事的关键工作。在教育引导上，在基础教育中增加相关内容，从小培养无障碍理念。高等院校开设相关课程，培养专门人才。充分发挥舆论引导作用，利用电视、报纸、网络等多种媒介，从学校、社区到公共场所开展无障碍知识的宣传活动，弘扬共享理念，普及法律法规，消除隐性歧视，营造了"建设无障碍，方便你我他"的良好社会氛围。

《无障碍与服务设计》是中央美术学院设计学院的研究团队完成的，由孙聪、饶雅云编纂。本书的完成离不开中国残联相关机构的支持与配合，特此感谢。另外，本书涉及的无障碍服务设计案例皆由中央美术学院无障碍服务设计课程参与学生完成，特此感谢以下无障碍服务设计案例设计者："艺术之旅"——视觉障碍者的艺术服务设计项目，设计者侯淼、薛佳怡、吴孟庆；"购物模块再定义"——视觉障碍者的购物服务设计项目，设计者刘志鹏、王琳、白钰琪；"技能互助服务"——视觉障碍者的学习服务设计项目，设计者张沐霖；"温馨家园摄影课程再设计"——智力障碍者的课程服务设计项目，设计者方政；"Hi！蝌蚪"——肢体障碍者的出行服务设计项目，设计者沈康、张志涌、刘佳、李峥、冈野真美；"MoodTalk"——听力障碍者的沟通服务设计项目，设计者李多恩。同时感谢参与本书资料收集工作的伦敦大学金史密斯学院优秀毕业生刘子瑄的支持与协助。本书的编写也得到了北京林业大学段威副教授及其研究生康佳雯、李昂、李曾莲的帮助。在《无障碍与服务设计》付梓之际，我们再次感谢为本书贡献智慧和心血的各位老师和同学，感谢在无障碍服务设计之路上奔走前行的每一名政府工作者、学者、设计工作者和公益人士，是你们的不断努力，推动着我国的无障碍事业不断前进。